Indiako Sabores

Indiako Sukaldaritza Tradizionalaren Giroa eta Aromak

Aarav Gupta

edukien taula

Keleki Bhaji 17
    Osagaiak 17
    Metodoa 18

Coco Kathal 19
    Osagaiak 19
    ontzeko: 19
    Metodoa 20

Yam xerra pikantea 21
    Osagaiak 21
    Metodoa 22

yam masala 23
    Osagaiak 23
    Metodoa 23

masala erremolatxa 25
    Osagaiak 25
    Metodoa 26

babarrun kimu masala 27
    Osagaiak 27
    Metodoa 28

mirch masala 29
    Osagaiak 29
    Metodoa 30

kadhi tomatea 31

Osagaiak	31
Metodoa	32
barazki kolhapuri	33
Osagaiak	33
Metodoa	34
undhiyu	35
Osagaiak	35
Mutientzat:	36
Metodoa	36
Banana Kofta Curry	37
Osagaiak	37
Curryrako:	37
Metodoa	38
Kalabaza Mingotsa Tipularekin	39
Osagaiak	39
Metodoa	40
Sukha Khatta Chana	41
Osagaiak	41
Metodoa	42
Bharwan Karela	43
Osagaiak	43
Betetzeko:	43
Metodoa	44
Kofta Aza Curry	45
Osagaiak	45
Saltsarako:	45
Metodoa	46

anana gojju 47
    Osagaiak 47
        Espeziak nahasteko: 47
        Metodoa 48
Kalabaza mingotsa gojju 49
    Osagaiak 49
    Metodoa 50
Baingan Mirchi ka Salan 51
    Osagaiak 51
    Metodoa 52
Oilaskoa barazkiekin 53
    Osagaiak 53
    Metodoa 53
    Marinadarako: 54
Oilaskoa Tikka Masala 55
    Osagaiak 55
    Metodoa 56
Oilasko betea pikantea saltsa aberatsean 57
    Osagaiak 57
    Metodoa 58
Oilasko Masala pikantea 60
    Osagaiak 60
    Metodoa 61
cashmere oilaskoa 62
    Osagaiak 62
    Metodoa 63
Rona eta Oilaskoa 64

- Osagaiak 64
- Metodoa 65
- shahjahani oilaskoa 66
  - Osagaiak 66
  - Metodoa 67
- pazko oilaskoa 68
  - Osagaiak 68
  - Metodoa 69
- Ahate pikantea patatekin 70
  - Osagaiak 70
  - Metodoa 71
- ahate moile 72
  - Osagaiak 72
  - Metodoa 73
- Bharwa Murgh Kaju 74
  - Osagaiak 74
  - Metodoa 75
- oilasko masala jogurtarekin 77
  - Osagaiak 77
  - Metodoa 78
- Dhansak oilaskoa 80
  - Osagaiak 80
  - Metodoa 81
- Chatpata oilaskoa 83
  - Osagaiak 83
  - Marinadarako: 84
  - Metodoa 84

- Ahate Masala Koko Esnean 85
  - Osagaiak 85
  - Espeziak nahasteko: 85
  - Metodoa 86
- Dil Bahar Oilaskoa 87
  - Osagaiak 87
  - Metodoa 88
- dum ka murgh 90
  - Osagaiak 90
  - Metodoa 91
- Murgh Kheema Masala 92
  - Osagaiak 92
  - Metodoa 93
- Nawabi oilasko betea 94
  - Osagaiak 94
  - Betetzeko: 94
  - Metodoa 95
- Murgh ke Nazare 96
  - Osagaiak 96
  - Saltsarako: 97
  - Metodoa 98
- Murgh Pasanda 99
  - Osagaiak 99
  - Metodoa 100
- murgh masala 101
  - Osagaiak 101
  - Espeziak nahasteko: 101

Metodoa 102
bohri oilasko krema 103
    Osagaiak 103
    Metodoa 104
jhatpat murgh 105
    Osagaiak 105
    Metodoa 105
oilasko curry berdea 106
    Osagaiak 106
    Metodoa 107
Murgh Bhartha 108
    Osagaiak 108
    Metodoa 108
Oilaskoa Ajowan haziekin 109
    Osagaiak 109
    Metodoa 110
Oilasko tikka espinakarekin 111
    Osagaiak 111
    Marinadarako: 111
    Metodoa 112
Yakhni oilaskoa 113
    Osagaiak 113
    Metodoa 114
chili oilaskoa 115
    Osagaiak 115
    Metodoa 116
piper oilaskoa 117

- Osagaiak 117
- Metodoa 117

oliorik gabeko oilaskoa 119
- Osagaiak 119
- Metodoa 119

Kozi Varatha Curry 120
- Osagaiak 120
- Metodoa 121

Oilasko gisatua 122
- Osagaiak 122
- Metodoa 123

oilasko himani 124
- Osagaiak 124
- Marinadarako: 124
- Metodoa 125

oilasko zuria 126
- Osagaiak 126
- Metodoa 127

Oilaskoa Masala Gorrian 128
- Osagaiak 128
- Metodoa 129

Jhalfrezie oilaskoa 130
- Osagaiak 130
- Metodoa 131

oilasko curry arrunta 132
- Osagaiak 132
- Metodoa 133

- oilasko curry garratza 134
  - Osagaiak 134
  - Metodoa 135
- Oilasko Anjeer lehortua 136
  - Osagaiak 136
  - Marinadarako: 136
  - Metodoa 137
- oilasko jogurta 138
  - Osagaiak 138
  - Metodoa 139
- Oilasko Frijitua Pikantea 140
  - Osagaiak 140
  - Metodoa 141
- oilasko gorena 142
  - Osagaiak 142
  - Metodoa 143
- Oilasko Vindaloo 144
  - Osagaiak 144
  - Metodoa 145
- oilasko karamelizatua 146
  - Osagaiak 146
  - Metodoa 147
- intxaur oilaskoa 148
  - Osagaiak 148
  - Metodoa 149
- oilasko azkarra 150
  - Osagaiak 150

Metodoa 151
Oilasko Coorgi Curry 152
    Osagaiak 152
    Metodoa 153
zartagin oilaskoa 154
    Osagaiak 154
    Metodoa 155
oilaskoa espinakarekin 156
    Osagaiak 156
    Metodoa 157
indiar oilaskoa 158
    Osagaiak 158
    Espeziak nahasteko: 158
    Metodoa 159
Kori Gassi 160
    Osagaiak 160
    Metodoa 161
Ghezado Oilaskoa 162
    Osagaiak 162
    Metodoa 162
Oilaskoa tomate saltsan 163
    Osagaiak 163
    Metodoa 164
shahenshah murgh 165
    Osagaiak 165
    Metodoa 166
Oilaskoa do Pyaaza 167

Osagaiak 167

Metodoa 168

bengali oilaskoa 169

Osagaiak 169

Metodoa 169

Lasooni Murgh 170

Osagaiak 170

Metodoa 171

Oilaskoa Cafreal 172

Osagaiak 172

Marinadarako: 172

Metodoa 173

Oilaskoa abrikotekin 174

Osagaiak 174

Metodoa 175

Oilaskoa plantxan 176

Osagaiak 176

Metodoa 177

ahate piper errea 178

Osagaiak 178

Metodoa 179

Oilasko Bhuna 180

Osagaiak 180

Metodoa 181

Oilasko Curry Arrautzekin 182

Osagaiak 182

Metodoa 183

Oilasko Frijitua Espeziekin 184
    Osagaiak.. 184
    Marinadarako: 184
    Metodoa 185
goan kombdi 186
    Osagaiak.. 186
    Metodoa 187
hegoaldeko oilasko curry 188
    Osagaiak.. 188
    Metodoa 189
Oilasko Nizami 190
    Osagaiak.. 190
    Espeziak nahasteko: 190
    Metodoa 191
buffad ahatea 192
    Osagaiak.. 192
    Metodoa 193
Adraki Murgh 194
    Osagaiak.. 194
    Metodoa 194
Bharva Murgh 195
    Osagaiak.. 195
    Metodoa 196
Malaidar Murgh 197
    Osagaiak.. 197
    Metodoa 198
Bombay Oilasko Curry 199

Osagaiak 199

Metodoa 200

dubari oilaskoa 201

Osagaiak 201

Metodoa 202

ahate frijitua 203

Osagaiak 203

Metodoa 203

Oilaskoa baratxuri eta cilantroarekin 204

Osagaiak 204

Metodoa 205

masala ahatea 206

Osagaiak 206

Metodoa 207

mostaza oilaskoa 208

Osagaiak 208

Metodoa 209

murgh lassanwallah 210

Osagaiak 210

Metodoa 211

Piperr Oilasko Chettinad 212

Osagaiak 212

Metodoa 213

Oilasko xehatua Arrautzekin 214

Osagaiak 214

Metodoa 215

oilasko lehorra 216

Osagaiak 216

Marinadarako: 216

Metodoa 217

Keleki Bhaji

(Plátano Berdea Curry)

4 lagunentzat

Osagaiak

6 plantain berde, zuritu eta 2,5 cm / 1 hazbeteko lodiera zatitan moztu

Gatza dastatzeko

3 koilarakada landare-olio findua

1 tipula handi, xerra finetan

2 baratxuri ale xehatu

2-3 piper berde, luzera moztuta

1 cm / ½ hazbeteko erro jengibrea

1 koilaratxo turmeric

½ koilaratxo kumino haziak

½ koko freskoa, birrindua

Metodoa

- Beratu platanoak ur hotzetan eta gatzetan ordubetez. Xukatu eta erreserbatu.

- Berotu olioa kazola batean. Gehitu tipula, baratxuria, piper berdeak eta jengibrea. Frijitu su ertainean tipula urreztatu arte.

- Gehitu bananak eta turmeric, kuminoa eta gatza. Ondo nahastu. Estalki batekin estali eta egosi 5-6 minutuz.

- Gehitu kokoa, sueztitu eta egosi 2-3 minutuz. Zerbitzatu beroa.

Coco Kathal

(Jackfruit berdea kokoarekin)

4 lagunentzat

Osagaiak

500g / 1lb 2oz jackfruit berdea*, zuritu eta txikituta

500 ml / 16 fl oz ur

Gatza dastatzeko

100 ml / 3½ fl oz mostaza olioa

2 erramu hosto

1 koilaratxo kumino haziak

1 koilaratxo jengibre pasta

250 ml / 8 fl oz koko esnea

Azukrea dastatzeko

ontzeko:

75 g / 2½ oz ghee

1 cm kanela

4 kardamomo leka berde

1 koilaratxo chili hautsa

2 pipermin berde, luzera moztuta

Metodoa

- Nahastu jackfruit zatiak urarekin eta gatzarekin. Egosi nahasketa hau kazola batean su ertainean 30 minutuz. Xukatu eta erreserbatu.

- Berotu mostaza olioa kazola batean. Gehitu erramu hostoak eta kumino haziak. Utzi itzazu 15 segundoz.

- Gehitu jackfruit eta jengibre-pasta, koko esnea eta azukrea. Egosi 3-4 minutuz, etengabe nahastuz. Alde batera utzi.

- Berotu ghee zartagin batean. Gehitu ongailuaren osagaiak. Frijitu 30 segundoz.

- Nahasketa hau jackfruit nahasketaren gainean bota. Zerbitzatu beroa.

Yam xerra pikantea

4 lagunentzat

Osagaiak

500g / 1lb 2oz yam

1 tipula ertaina

1 koilaratxo jengibre pasta

1 koilaratxo baratxuri pasta

1 koilaratxo chili hautsa

1 koilarakada martorri ehoa

4 hortz

1 cm kanela

4 kardamomo leka berde

½ koilaratxo piper

50 g / 1¾oz martorri hosto

50 g / 1¾oz menda hosto

Gatza dastatzeko

Landare olio findua frijitzeko

Metodoa

- Zuritu ñameak eta moztu 1 cm-ko lodierako xerratan. Lurrun 5 minutuz. Alde batera utzi.

- Gehitu gainerako osagaiak, olioa izan ezik, ore leun batean.

- Aplikatu pasta ñame xeren bi aldeetan.

- Berotu olioa itsaski gabeko zartagin batean. Gehitu ñame xerrak. Frijitu bi aldeetatik kurruskaria izan arte, ertzetan olio pixka bat gehituz. Zerbitzatu beroa.

yam masala

4 lagunentzat

Osagaiak

400g / 14oz ñame, zurituta eta zatituta

750 ml / 1¼ pinta ur

Gatza dastatzeko

3 koilarakada landare-olio findua

¼ mostaza haziak

2 pipermin gorri osoak, txikituta

¼ koilaratxo turmeric

¼ koilarakada ehoko kuminoa

1 koilarakada martorri ehoa

3 koilarakada kakahueteak, birrinduta

Metodoa

- Egosi ñamea kazola batean ura eta gatza 30 minutuz. Xukatu eta erreserbatu.

- Berotu olioa kazola batean. Gehitu mostaza haziak eta pipermin gorri zatiak. Utzi itzazu 15 segundoz.

- Gehitu gainerako osagaiak eta ñame egosia. Ondo nahastu. Su motelean egosi 7-8 minutuz. zerbitzatu beroa

masala erremolatxa

4 lagunentzat

Osagaiak

2 koilarakada landare-olio findua

3 tipula txiki, fin-fin txikituta

½ koilaratxo jengibre pasta

½ koilaratxo baratxuri pasta

3 pipermin berde, luzera moztuta

3 erremolatxa, zuritu eta txikituta

¼ koilaratxo turmeric

1 koilarakada martorri ehoa

¼ koilaratxo garam masala

Gatza dastatzeko

125 g / 4½ oz tomate purea

1 koilarakada martorri hosto txikituta

Metodoa

- Berotu olioa kazola batean. Gehitu tipulak. Frijitu su ertainean zeharrargi bihurtu arte.

- Gehitu jengibre-pasta, baratxuri-pasta eta pipermin berdea. Salteatu su motelean 2-3 minutuz.

- Gehitu erremolatxa, turmeric, beheko martorria, garam masala, gatza eta tomate purea. Ondo nahastu. Egosi 7-8 minutuz. Martorri hostoekin apaindu. Zerbitzatu beroa.

babarrun kimu masala

4 lagunentzat

Osagaiak

2 koilarakada landare-olio findua

3 tipula txiki, fin-fin txikituta

4 piper berde fin-fin txikituta

1 cm / ½ hazbeteko erro jengibrea, juliana

8 baratxuri ale, xehatuta

¼ koilaratxo turmeric

1 koilarakada martorri ehoa

2 tomate, fin-fin txikituta

200g / 7oz kimu babarrunak, lurrunetan

Gatza dastatzeko

1 koilarakada martorri hosto txikituta

Metodoa

- Berotu olioa kazola batean. Gehitu tipula, piper berdeak, jengibrea eta baratxuria. Frijitu nahasketa su ertainean tipula urreztatu arte.

- Gehitu gainerako osagaiak, martorri hostoak izan ezik. Ondo nahastu. Egosi nahasketa su motelean 8-10 minutuz, noizean behin irabiatuz.

- Martorri hostoekin apaindu. Zerbitzatu beroa.

mirch masala

(piper berde beroa)

4 lagunentzat

Osagaiak

100 g / 3½ oz espinakak fin-fin txikituta

¼ oz / 10 g fenugreek hosto, fin-fin txikituta

25 g / 1oz martorri hosto eskasak, fin-fin txikituta

3 pipermin berde, luzera moztuta

60 ml / 2 fl oz ur

3 ½ koilarakada landare-olio findua

2 koilarakada musu*

1 patata handi, egosia eta purea

¼ koilaratxo turmeric

2 koilarakada martorri ehoa

½ koilaratxo chili hautsa

Gatza dastatzeko

8 piper berde txiki, haziak eta haziak

1 tipula handi, fin-fin txikituta

2 tomate, fin-fin txikituta

Metodoa

- Nahastu espinakak, fenugreek, martorri hostoak eta pipermina urarekin. Nahasketa lurrunetan jarri 15 minutuz. Xukatu eta birrindu nahasketa hau pasta bat lortu arte.

- Berotu olio erdia kazola batean. Gehitu besan, patata, turmeric, beheko martorria, pipermin hautsa, gatza eta espinakak pasta. Ondo nahastu. Frijitu nahasketa hau su ertainean 3-4 minutuz. Kendu sutik.

- Bete nahasketa hau piper berdeekin.

- Berotu erdi koilarakada olio zartagin batean. Gehitu piper beteak. Frijitu su ertainean 7-8 minutuz, noizean behin buelta emanez. Alde batera utzi.

- Berotu gainerako olioa kazola batean. Gehitu tipula. Frijitu su ertainean urrezko marroia arte. Gehitu tomateak eta frijitutako piper beteak. Ondo nahastu. Estalki batekin estali eta egosi 4-5 minutuz. Zerbitzatu beroa.

kadhi tomatea

(Tomate gramo irin saltsan)

4 lagunentzat

Osagaiak

2 koilarakada musu*

120 ml / 4 fl oz ur

3 koilarakada landare-olio findua

½ koilaratxo mostaza haziak

½ koilarakada fenugreek haziak

½ koilaratxo kumino haziak

2 piper berde luzera moztuta

8 curry hosto

1 koilaratxo chili hautsa

2 koilarakada azukre

5½ oz / 150 g berde nahasi izoztuak

Gatza dastatzeko

8 tomate, zuritu eta purea

2 koilarakada martorri hosto fin-fin txikituta

Metodoa

- Nahastu besan urarekin ore leun bat osatzeko. Alde batera utzi.

- Berotu olioa kazola batean. Gehitu mostaza, fenugreek eta kumino haziak, pipermin berdea, curry hostoak, pipermin hautsa eta azukrea. Utzi itzazu 30 segundoz.

- Gehitu barazkiak eta gatza. Frijitu nahasketa su ertainean minutu batez.

- Gehitu tomate-purea. Ondo nahastu. Egosi nahasketa su motelean 5 minutuz.

- Gehitu besan pasta. Egosi beste 3-4 minutuz.

- Apaindu kadhi martorri hostoekin. Zerbitzatu beroa.

barazki kolhapuri

(Barazki Nahasketa Pikantea)

4 lagunentzat

Osagaiak

200 g / 7oz barazki misto izoztuak

4½ oz / 125 g ilar izoztuak

500 ml / 16 fl oz ur

2 pipermin gorri

2,5 cm / 1 hazbeteko jengibre erroa

8 baratxuri ale

2 pipermin berde

50 g / 1¾oz martorri hosto, fin-fin txikituta

3 koilarakada landare-olio findua

3 tipula txiki, fin-fin txikituta

3 tomate, fin-fin txikituta

¼ koilaratxo turmeric

¼ koilarakada martorri ehoa

Gatza dastatzeko

Metodoa

- Nahastu barazkiak eta ilarrak urarekin. Egosi nahasketa kazola batean su ertainean 10 minutuz. Alde batera utzi.

- Ehotu pipermin gorriak, jengibrea, baratxuria, pipermin berdea eta martorri hostoak pasta fin batean.

- Berotu olioa zartagin batean. Gehitu beheko pipermin gorria eta jengibre-pasta eta tipula. Frijitu nahasketa su ertainean 2 minutuz.

- Gehitu tomateak, kurkuma, martorri ehoa eta gatza. Frijitu nahasketa hau 2-3 minutuz, noizean behin irabiatuz.

- Gehitu egositako barazkiak. Ondo nahastu. Estalki batekin estali eta su motelean egosi nahasketa 5-6 minutuz, tarte erregularretan nahastuz.

- Zerbitzatu beroa.

undhiyu

(Gujaratiko barazki nahasiak Dumplingekin)

4 lagunentzat

Osagaiak

2 patata handi, zurituta

250 g / 9oz lekak leketan

1 platano berde, zurituta

20 g / ¾oz ñame, zurituta

2 berenjena txiki

60 g / 2 oz koko freskoa birrindua

8 baratxuri ale

2 pipermin berde

2,5 cm / 1 hazbeteko jengibre erroa

100 g / 3½ oz martorri hosto, fin-fin txikituta

Gatza dastatzeko

60 ml / 2 fl oz landare-olio findua gehi frijitzeko gehigarria

asafetida pixka bat

½ koilaratxo mostaza haziak

250 ml / 8 fl oz ur

Mutientzat:

60g / 2oz besan*

25 g / 1 oz fenugreek hosto freskoak, fin-fin txikituta

½ koilaratxo jengibre pasta

2 piper berde fin-fin txikituta

Metodoa

- Moztu patatak, babarrunak, platanoa, ñame eta berenjena. Alde batera utzi.
- Ehotu kokoa, baratxuria, pipermin berdea, jengibrea eta martorri hostoak ore batean. Nahastu pasta hau txikitutako barazkiekin eta gatzarekin. Alde batera utzi.
- Nahastu muthia osagai guztiak. Oratu nahasketa ore sendo bat lortu arte. Zatitu orea intxaur baten tamainako bolatan.
- Berotu zartagin batean frijitzeko olioa. Gehitu muthiak. Su ertainean frijitu gorritu arte. Xukatu eta erreserbatu.
- Berotu gainerako olioa kazola batean. Gehitu asafoetida eta mostaza haziak. Utzi itzazu 15 segundoz.
- Gehitu ura, muthiak eta barazki nahasketa. Ondo nahastu. Estalki batekin estali eta su baxuan egosi 20 minutuz, aldian-aldian irabiatuz. Zerbitzatu beroa.

Banana Kofta Curry

4 lagunentzat

Osagaiak
Koftentzat:

2 plantain berde, egosiak eta zurituak

2 patata handi, egosita eta zurituta

3 piper berde fin-fin txikituta

1 tipula handi, fin-fin txikituta

1 koilarakada martorri hosto fin-fin txikituta

1 koilarakada musu*

½ koilaratxo chili hautsa

Gatza dastatzeko

ghee frijitzeko

Curryrako:

75 g / 2½ oz ghee

1 tipula handi, fin-fin txikituta

10 baratxuri ale, xehatuta

1 koilarakada martorri ehoa

1 koilaratxo garam masala

2 tomate, fin-fin txikituta

3 curry hosto

Gatza dastatzeko

250 ml / 8 fl oz ur

½ koilarakada martorri hosto, fin-fin txikituta

Metodoa

- Birrindu bananak eta patatak.
- Nahastu gainerako kofta osagaiekin, ghee izan ezik. Oratu nahasketa hau ore sendo bat lortu arte. Zatitu orea intxaur tamainako bolatan koftak egiteko.
- Berotu ghee zartagin batean frijitzeko. Gehitu koftak. Su ertainean frijitu gorritu arte. Xukatu eta erreserbatu.
- Curryrako, berotu ghee kazola batean. Gehitu tipula eta baratxuria. Frijitu su ertainean tipula garden bihurtu arte. Gehitu martorri behea eta garam masala. Frijitu 2-3 minutuz.
- Gehitu tomateak, curry hostoak, gatza eta ura. Ondo nahastu. Egosi nahasketa 15 minutuz, noizean behin irabiatuz.
- Gehitu kofta frijituak. Estalki batekin estali eta su motelean egosten jarraitu 2-3 minutuz.
- Martorri hostoekin apaindu. Zerbitzatu beroa.

Kalabaza Mingotsa Tipularekin

4 lagunentzat

Osagaiak

500 g / 1 lb 2 oz kalabaza mingotsa*

Gatza dastatzeko

750 ml / 1¼ pinta ur

4 koilarakada landare-olio findua

½ koilaratxo kumino haziak

½ koilaratxo mostaza haziak

asafetida pixka bat

½ koilaratxo jengibre pasta

½ koilaratxo baratxuri pasta

2 tipula handi, fin-fin txikituta

½ koilaratxo turmeric

1 koilaratxo chili hautsa

1 koilarakada ehoko kuminoa

1 koilarakada martorri ehoa

1 koilaratxo azukre

1 limoi zukua

1 koilarakada martorri hosto fin-fin txikituta

Metodoa

- Kalabaza mingotsa zuritu eta xerra finetan moztu. Baztertu haziak.
- Egosi gatza eta urarekin kazola batean su ertainean 5-7 minutuz. Kendu sutatik, xukatu eta xukatu ura, erreserbatu.
- Berotu olioa kazola batean. Gehitu kuminoa eta mostaza haziak. Utzi itzazu 15 segundoz.
- Gehitu asafoetida, jengibre-pasta eta baratxuri-pasta. Frijitu nahasketa su ertainean minutu batez.
- Gehitu tipulak. Frijitu 2-3 minutuz.
- Gehitu turmeric, pipermina hautsa, kuminoa eta martorri lurra. Ondo nahastu.

- Gehitu kuia mingotsa, azukrea eta limoi zukua. Ondo nahastu. Estalki batekin estali eta su motelean egosi nahasketa 6-7 minutuz, aldian-aldian nahastuz.
- Martorri hostoekin apaindu. Zerbitzatu beroa.

Sukha Khatta Chana

(Ttxitxirio mingotsa)

4 lagunentzat

Osagaiak

4 piper beltz

2 hortz

2,5 cm / 1 hazbeteko kanela

½ koilarakada martorri haziak

½ koilaratxo kumino beltza haziak

½ koilaratxo kumino haziak

500g / 1lb 2oz txitxirioak, gauez beratzen

Gatza dastatzeko

1 litro / 1¾ pinta ur

1 koilarakada pomegranate hazi lehorrak

Gatza dastatzeko

1 cm / ½ hazbeteko erro jengibrea, fin-fin txikituta

1 pipermin berde, txikituta

2 koilarakada tamarindo pasta

2 koilarakada ghee

1 patata txikia, zatituta

1 tomate, fin-fin txikituta

Metodoa

- Espeziak nahasteko, piper aleak, aleak, kanela, martorri, kumino beltza eta kumino haziak hauts fin batean xehatu. Alde batera utzi.
- Nahastu garbantzuak gatzarekin eta urarekin. Egosi nahasketa hau kazola batean su ertainean 45 minutuz. Alde batera utzi.
- Lehortu granada haziak zartagin batean su ertainean 2-3 minutuz. Kendu sutik eta birrindu hauts bat lortu arte. Nahastu gatzarekin eta lehortu nahasketa berriro 5 minutuz. Transferitu kazola batera.
- Gehitu jengibrea, pipermin berdea eta tamarindo pasta. Egosi nahasketa hau su ertainean 4-5 minutuz. Gehitu beheko espezie nahasketa. Ondo nahastu eta erreserbatu.
- Berotu ghee beste zartagin batean. Gehitu patatak. Frijitu su ertainean urreztatu arte.
- Gehitu patata frijituak egositako garbantzuei. Gehitu tamarindo eta beheko espezien nahasketa ere.
- Ondo nahastu eta su motelean egosi 5-6 minutuz.

Bharwan Karela

(Kalabaza mingotsa betea)

4 lagunentzat

Osagaiak

500g / 1lb 2oz kuia mingotsa txikiak*

Gatza dastatzeko

1 koilaratxo turmeric

Landare olio findua frijitzeko

Betetzeko:

5-6 pipermin berde

2,5 cm / 1 hazbeteko jengibre erroa

12 baratxuri ale

3 tipula txiki

1 koilarakada landare-olio findua

4 patata handi, egosita eta purea

½ koilaratxo turmeric

½ koilaratxo chili hautsa

1 koilarakada ehoko kuminoa

1 koilarakada martorri ehoa

asafetida pixka bat

Gatza dastatzeko

Metodoa

- Zuritu kuia mingotsak. Moztu luzera kontu handiz, oinarriak osorik mantenduz. Kendu haziak eta mamia eta bota. Igurtzi gatza eta turmeric kanpoko oskoletan. Utzi 4-5 orduz alde batera.
- Betetzeko, xehatu piperrak, jengibrea, baratxuria eta tipula pasta bat lortu arte. Alde batera utzi.
- Berotu 1 koilarakada olio zartagin batean. Gehitu tipula, jengibrea eta baratxuri pasta. Frijitu su ertainean 2-3 minutuz.
- Gehitu betetzeko gainerako osagaiak. Ondo nahastu. Frijitu nahasketa su ertainean 3-4 minutuz.
- Kendu sutik eta hoztu nahasketa. Bete kalabazak nahasketa honekin. Lotu kalabaza bakoitza kate batekin, prestatzerakoan betegarria eror ez dadin.
- Berotu zartagin batean frijitzeko olioa. Gehitu kalabaz beteak. Frijitu su ertainean urrezko marroia eta kurruskaria arte, maiz buelta emanez.
- Askatu kalabaza mingotsak eta baztertu sokak. Zerbitzatu beroa.

Kofta Aza Curry

(Aza-dumplings saltsan)

4 lagunentzat

Osagaiak

1 aza handi, birrindua

250g / 9oz besan*

Gatza dastatzeko

Landare olio findua frijitzeko

2 koilarakada martorri hosto, apaintzeko

Saltsarako:

3 koilarakada landare-olio findua

3 erramu hosto

1 kardamomo beltz

1 cm kanela

1 hortz

1 tipula handi

oso fin-fin txikituta

2,5 cm / 1 hazbeteko jengibre-erroa, juliana moztuta

3 tomate, fin-fin txikituta

1 koilarakada martorri ehoa

1 koilarakada ehoko kuminoa

Gatza dastatzeko

250 ml / 8 fl oz ur

Metodoa

- Oratu aza, besan eta gatza ore leun batean. Zatitu orea intxaur baten tamainako bolatan.
- Berotu olioa zartagin batean. Gehitu pilotak. Su ertainean frijitu gorritu arte. Xukatu eta erreserbatu.
- Saltsarako, berotu olioa kazola batean. Gehitu erramu hostoak, kardamomoa, kanela eta ale. Utzi itzazu 30 segundoz.
- Gehitu tipula eta jengibrea. Frijitu nahasketa hau su ertainean tipula garden bihurtu arte.
- Gehitu tomateak, martorri xehatua eta kuminoa. Ondo nahastu. Frijitu 2-3 minutuz.
- Gehitu gatza eta ura. Mugitu minutu batez. Estalki batekin estali eta egosi 5 minutuz.
- Estali zartagina eta gehitu kofta bolak. Egosi su motelean beste 5 minutuz, noizean behin irabiatuz.
- Martorri hostoekin apaindu. Zerbitzatu beroa.

anana gojju

(Anana konpota pikantea)

4 lagunentzat

Osagaiak

3 koilarakada landare-olio findua

250 ml / 8 fl oz ur

1 koilaratxo mostaza haziak

6 curry hosto, xehatuta

asafetida pixka bat

½ koilaratxo turmeric

Gatza dastatzeko

400g / 14oz anana txikitua

Espeziak nahasteko:

4 koilarakada koko freskoa birrindua

3 pipermin berde

2 pipermin gorri

½ koilarakada mihilu haziak

½ koilarakada fenugreek haziak

1 koilaratxo kumino haziak

2 koilarakada martorri haziak

1 martorri hosto sorta txiki

1 hortz

2-3 piper ale

Metodoa

- Nahastu espezia nahastearen osagai guztiak.
- Berotu 1 koilarakada olio kazola batean. Gehitu espezia nahasketa. Frijitu su ertainean 1-2 minutuz, maiz irabiatuz. Kendu sutik eta nahastu uraren erdiarekin pasta leun bat lortu arte. Alde batera utzi.
- Berotu gainerako olioa kazola batean. Gehitu mostaza haziak eta curry hostoak. Utzi itzazu 15 segundoz.
- Gehitu asafoetida, turmeric eta gatza. Frijitu minutu batez.
- Gehitu anana, nahastutako espezia-pasta eta gainerako ura. Ondo nahastu. Estalki batekin estali eta su baxuan egosi 8-12 minutuz. Zerbitzatu beroa.

Kalabaza mingotsa gojju

(Kalabaza mingotsa pikantea)

4 lagunentzat

Osagaiak

Gatza dastatzeko

4 kuia mingotsa handi*, zuritu, luzera moztu, hazia eta xerratan moztuta

6 koilarakada landare-olio findua

1 koilaratxo mostaza haziak

8-10 curry hosto

1 tipula handi birrindua

3-4 baratxuri ale, xehatuta

2 koilarakada txili hautsa

1 koilarakada ehoko kuminoa

½ koilaratxo turmeric

1 koilarakada martorri ehoa

2 koilarakada sambhar hauts*

2 koilarakada koko freskoa, birrindua

1 koilarakada fenugreek haziak, lehorrean erreak eta ehotuta

2 koilarakada sesamo zuri haziak, lehorrean erreak eta ehoa

2 koilarakada azukre marroia*, urtu

½ koilaratxo tamarindo pasta

250 ml / 8 fl oz ur

asafetida pixka bat

Metodoa

- Igurtzi gatza kalabaza mingotsa xerretan. Jarri itzazu ontzi batean eta itxi aluminiozko paperarekin. Utzi 30 minutuz atseden. Kendu gehiegizko hezetasuna.
- Berotu olio erdia kazola batean. Gehitu kuia mingotsa. Su ertainean frijitu gorritu arte. Alde batera utzi.
- Berotu geratzen den olioa beste kazola batean. Gehitu mostaza haziak eta curry hostoak. Utzi itzazu 15 segundoz.
- Gehitu tipula eta baratxuria. Frijitu nahasketa hau su ertainean tipula urreztatu arte.
- Gehitu chili hautsa, beheko kuminoa, turmeric, beheko martorria, sambhar hautsa eta kokoa. Frijitu 2-3 minutuz.
- Gehitu gainerako osagaiak ura eta asafoetida izan ezik. Frijitu minutu bat gehiago.
- Gehitu kuia mingotsa frijituak, gatz pixka bat eta ura. Ondo nahastu. Estalki batekin estali eta su baxuan egosi 12-15 minutuz.
- Gehitu asafetida. Ondo nahastu. Zerbitzatu beroa.

Baingan Mirchi ka Salan

(Berenjena eta Txile)

4 lagunentzat

Osagaiak

6 piper berde osorik

4 koilarakada landare-olio findua

600 g / 1 lb 5 oz berenjena txikiak, laurdenetan

4 pipermin berde

1 koilaratxo sesamo haziak

10 anaardo

20-25 kakahuete

5 piperbeltza

¼ koilaratxo fenugreek haziak

¼ koilaratxo mostaza haziak

1 koilaratxo jengibre pasta

1 koilaratxo baratxuri pasta

1 koilarakada martorri ehoa

1 koilarakada ehoko kuminoa

½ koilaratxo turmeric

125 g / 4½ oz jogurt

2 koilarakada tamarindo pasta

3 pipermin gorri osorik

Gatza dastatzeko

1 litro / 1¾ pinta ur

Metodoa

- Hazi eta txikitu piper berdeak zerrenda luzeetan.
- Berotu 1 koilarakada olio kazola batean. Gehitu piper berdeak eta salteatu su ertainean 1-2 minutuz. Alde batera utzi.
- Berotu 2 koilarakada olio beste kazola batean. Gehitu berenjenak eta piper berdeak. Salteatu su ertainean 2-3 minutuz. Alde batera utzi.
- Berotu zartagin bat eta txigortu sesamo haziak, anaardoak, kakahueteak eta piper aleak su ertainean 1-2 minutuz. Kendu sutatik eta zatitu nahasketa zati handitan.
- Berotu gainerako olioa kazola batean. Gehitu fenugreek haziak, mostaza haziak, jengibre-pasta, baratxuri-pasta, beheko martorria, beheko kuminoa, turmeric eta anaardo-sesamo hazien nahasketa. Frijitu su ertainean 2-3 minutuz.
- Gehitu piper berde salteatua, berenjena salteatua eta gainerako osagaiak. Su motelean egosi 10-12 minutuz.
- Zerbitzatu beroa.

Oilaskoa barazkiekin

4 lagunentzat

Osagaiak

750 g / 1 lb 10 oz oilaskoa, 8 zatitan moztuta

50 g / 1¾oz espinakak fin-fin txikituta

25 g / 1 oz fenugreek hosto freskoak, fin-fin txikituta

100 g / 3½ oz martorri hosto, fin-fin txikituta

50 g / 1¾oz menda hosto, fin-fin txikituta

6 piper berde fin-fin txikituta

120 ml / 4 fl oz landare-olio findua

2-3 tipula handi, xerra finetan

Gatza dastatzeko

Metodoa

- Nahastu marinada osagai guztiak. Marinatu oilaskoa nahasketa honekin ordubetez.
- Ehotu espinakak, fenugreek hostoak, martorri hostoak eta menda hostoak piper berdeekin pasta leuna lortu arte. Nahastu pasta hau oilasko marinatuarekin. Alde batera utzi.
- Berotu olioa kazola batean. Gehitu tipulak. Su ertainean frijitu gorritu arte.

- Gehitu oilasko nahasketa eta gatza. Ondo nahastu. Estalki batekin estali eta su baxuan egosi 40 minutuz, noizean behin irabiatuz. Zerbitzatu beroa.

Marinadarako:

1 koilaratxo garam masala

1 koilarakada martorri ehoa

1 koilarakada ehoko kuminoa

200 g / 7 oz jogurt

¼ koilaratxo turmeric

1 koilaratxo chili hautsa

1 koilaratxo jengibre pasta

1 koilaratxo baratxuri pasta

Oilaskoa Tikka Masala

4 lagunentzat

Osagaiak

200 g / 7 oz jogurt

½ koilarakada jengibre-pasta

½ koilarakada baratxuri pasta

Elikagaien koloratzaile laranja pixka bat

2 koilarakada landare-olio findua

500 g / 1 lb 2 oz hezurrik gabeko oilaskoa, zati txikitan txikituta

1 koilarakada gurina

6 tomate, fin-fin txikituta

2 tipula handi

½ koilaratxo jengibre pasta

½ koilaratxo baratxuri pasta

½ koilaratxo turmeric

1 koilarakada garam masala

1 koilaratxo chili hautsa

Gatza dastatzeko

1 koilarakada martorri hosto fin-fin txikituta

Metodoa

- Tikka egiteko, nahastu jogurta, jengibre-pasta, baratxuri-pasta, elikagaien koloratzailea eta koilarakada 1 olio. Marinatu oilaskoa nahasketa honekin 5 orduz.
- Oilasko marinatua parrillan 10 minutuz. Alde batera utzi.
- Berotu gurina kazola batean. Gehitu tomateak. Frijitu su ertainean 3-4 minutuz. Kendu sutik eta nahastu pasta leun bat lortu arte. Alde batera utzi.
- Tipula xehatu pasta leun bat lortu arte.
- Berotu gainerako olioa kazola batean. Gehitu tipula pasta. Frijitu su ertainean urrezko marroia arte.
- Gehitu jengibre-pasta eta baratxuri-pasta. Frijitu minutu batez.
- Gehitu turmeric, garam masala, pipermin hautsa eta tomate-pasta. Ondo nahastu. Nahastu nahasketa 3-4 minutuz.
- Gehitu gatza eta oilaskoa plantxan. Nahastu astiro-astiro saltsak oilaskoa estaltzen duen arte.
- Martorri hostoekin apaindu. Zerbitzatu beroa.

Oilasko betea pikantea saltsa aberatsean

4 lagunentzat

Osagaiak

½ koilaratxo chili hautsa

½ koilaratxo garam masala

4 koilarakada jengibre pasta

4 koilarakada baratxuri pasta

Gatza dastatzeko

8 oilasko bularra, berdinduta

4 tipula handi, fin-fin txikituta

5 cm / 1 hazbeteko erro jengibrea, fin-fin txikituta

5 piper berde fin-fin txikituta

200g / 7oz khoya*

2 koilarakada limoi zukua

50 g / 1¾oz martorri hosto, fin-fin txikituta

15 anaardo

5 koilarakada koko lehortua

1 oz / 30 g almendra maluta

1 koilarakada azafraia, 1 koilarakada esnetan bustita

150 g / 5½ oz ghee

200g / 7oz jogurt, astindua

Metodoa

- Nahastu chili hautsa, garam masala, jengibre-pasta erdia, baratxuri-pasta erdia eta gatz pixka bat. Marinatu oilasko bularkiak nahasketa honekin 2 orduz.
- Nahastu tipula erdia jengibre xehatuarekin, pipermin berdea, khoya, limoi zukua, gatza eta martorri hostoen erdia. Zatitu nahasketa hau 8 zati berdinetan.
- Jarri zati bakoitza oilasko-bularki bakoitzaren mutur estuan eta sartu barrurantz bularra zigilatzeko. Alde batera utzi.
- Berotu labea 200 °C-ra (400 °F, Gas Mark 6). Jarri oilasko bularki beteak koipeztatuta dagoen erretilu batean eta parrillan 15-20 minutuz gorritu arte. Alde batera utzi.
- Ehotzeko anaardo fruituak eta kokoa ore leun batean. Alde batera utzi.
- Beratu almendrak azafraiaren esne nahasketan. Alde batera utzi.
- Berotu ghee kazola batean. Gehitu gainerako tipulak. Frijitu su ertainean zeharrargi bihurtu arte. Gehitu gainerako jengibre-pasta eta baratxuri-pasta. Frijitu nahasketa minutu batez.
- Gehitu anaardo eta koko pasta. Frijitu minutu batez. Gehitu jogurta eta plantxan oilasko bularkiak. Ondo nahastu. Egosi su motelean 5-6 minutuz, maiz irabiatuz. Gehitu almendra eta azafraia nahasketa. Nahastu astiro-astiro. Su motelean egosi 5 minutuz.

- Martorri hostoekin apaindu. Zerbitzatu beroa.

Oilasko Masala pikantea

4 lagunentzat

Osagaiak

6 pipermin gorri lehor osoak

2 koilarakada martorri haziak

6 kardamomo leka berde

6 hortz

5 cm / 2 hazbeteko kanela

2 koilarakada mihilu hazi

½ koilaratxo piper beltza

120 ml / 4 fl oz landare-olio findua

2 tipula handi, xerratan

1 cm / ½ hazbeteko erro jengibrea, birrindua

8 baratxuri ale, xehatuta

2 tomate handi, fin-fin txikituta

3-4 erramu hosto

1 kg / 2¼ lb oilaskoa, 12 zatitan moztuta

½ koilaratxo turmeric

Gatza dastatzeko

500 ml / 16 fl oz ur

100 g / 3½ oz martorri hosto, fin-fin txikituta

Metodoa

- Nahastu piper gorriak, martorri haziak, kardamomoa, ale, kanela, mihilu haziak eta piper ale.
- Nahasketa lehortu erre eta hauts batean birrindu. Alde batera utzi.
- Berotu olioa kazola batean. Gehitu tipulak. Su ertainean frijitu gorritu arte.
- Gehitu jengibrea eta baratxuria. Frijitu minutu batez.
- Gehitu tomateak, erramu hostoak eta martorri-hazien hautsa eta pipermin gorri birrindua. Jarraitu frijitzen 2-3 minutuz.
- Gehitu oilaskoa, turmeric, gatza eta ura. Ondo nahastu. Estalki batekin estali eta su baxuan egosi 40 minutuz, aldizka irabiatuz.
- Apaindu oilaskoa martorri hostoekin. Zerbitzatu beroa.

cashmere oilaskoa

4 lagunentzat

Osagaiak

2 koilarakada malta ozpina

2 koilarakada chili malutak

2 koilarakada mostaza haziak

2 koilarakada kumino haziak

½ koilaratxo piper beltza

7,5 cm / 3 hazbeteko kanela

10 hortz

75 g / 2½ oz ghee

1 kg / 2¼ lb oilaskoa, 12 zatitan moztuta

1 koilarakada landare-olio findua

4 erramu hosto

4 tipula ertain, fin-fin txikituta

1 koilarakada jengibre pasta

1 koilarakada baratxuri pasta

3 tomate, fin-fin txikituta

1 koilaratxo turmeric

500 ml / 16 fl oz ur

Gatza dastatzeko

20 anaardo, xehatuta

6 azafrai hari limoi 1aren zukuan bustiak

Metodoa

- Nahastu malta ozpina chili malutekin, mostaza haziekin, kumino haziekin, piper aleekin, kanela eta aleekin. Ehotu nahasketa hau pasta leun bat lortu arte. Alde batera utzi.
- Berotu ghee kazola batean. Gehitu oilasko zatiak eta frijitu su ertainean gorritu arte. Xukatu eta erreserbatu.
- Berotu olioa kazola batean. Gehitu erramu hostoak eta tipula. Frijitu nahasketa hau su ertainean tipula urreztatu arte.
- Gehitu ozpin-pasta. Ondo nahastu eta su motelean egosi 7-8 minutuz.
- Gehitu jengibre-pasta eta baratxuri-pasta. Frijitu nahasketa hau minutu batez.
- Gehitu tomateak eta turmeric. Ondo nahastu eta su ertainean egosi 2-3 minutuz.
- Gehitu oilasko frijitua, ura eta gatza. Ondo nahastu oilaskoa estaltzeko. Estalki batekin estali eta irakiten 30 minutuz, noizean behin irabiatuz.
- Gehitu anaardoak eta azafraia. Jarraitu su baxuan egosten 5 minutuz. Zerbitzatu beroa.

Rona eta Oilaskoa

4 lagunentzat

Osagaiak

1 koilaratxo garam masala

1 koilaratxo chili hautsa

1 kg / 2¼ lb oilaskoa, 8 zatitan moztuta

6 baratxuri ale

4 piper beltz

4 hortz

½ koilaratxo kumino haziak

2,5 cm / 1 hazbeteko kanela

50 g / 1¾oz koko freskoa birrindua

4 almendra

1 kardamomo leka berde

1 koilarakada martorri haziak

300 ml / 10 fl oz ur

75 g / 2½ oz ghee

3 tipula handi, fin-fin txikituta

Gatza dastatzeko

½ koilaratxo azafraia

120 ml / 4 fl oz ron iluna

1 koilarakada martorri hosto fin-fin txikituta

Metodoa

- Nahastu garam masala eta chili hautsa. Marinatu oilaskoa nahasketa honekin 2 orduz.
- Baratxuria, piper ale, ale, kumino haziak, kanela, koko, almendra, kardamomoa eta martorri haziak lehorrean erre.
- Ehotzeko 60 ml urarekin ore leun bat lortu arte. Alde batera utzi.
- Berotu ghee kazola batean. Gehitu tipula eta frijitu su ertainean zeharrargi bihurtu arte.
- Gehitu baratxuri-piper pasta. Ondo nahastu. Frijitu nahasketa 3-4 minutuz.
- Gehitu marinatutako oilaskoa eta gatza. Ondo nahastu. Jarraitu frijitzen 3-4 minutuz, noizean behin irabiatuz.
- Gehitu 240 ml ur. Nahasi astiro-astiro. Estalki batekin estali eta su baxuan egosi 40 minutuz, aldizka irabiatuz.
- Gehitu azafraia eta rona. Ondo nahastu eta su baxuan egosten jarraitu 10 minutuz.
- Martorri hostoekin apaindu. Zerbitzatu beroa.

shahjahani oilaskoa

(Oilaskoa saltsa pikantean)

4 lagunentzat

Osagaiak

5 koilarakada landare-olio findua

2 erramu hosto

5 cm / 2 hazbeteko kanela

6 kardamomo leka berde

½ koilaratxo kumino haziak

8 hortz

3 tipula handi, fin-fin txikituta

1 koilaratxo turmeric

1 koilaratxo chili hautsa

1 koilaratxo jengibre pasta

1 koilaratxo baratxuri pasta

Gatza dastatzeko

75 g / 2½ oz anaardo, ehoa

150 g / 5½ oz jogurt, irabiatua

1 kg / 2¼ lb oilaskoa, 8 zatitan moztuta

2 koilarakada krema

¼ koilaratxo kardamomo beltz ehoa

10 g / ¼ oz martorri hosto, fin-fin txikituta

Metodoa

- Berotu olioa kazola batean. Gehitu erramu hostoak, kanela, kardamomoa, kumino haziak eta ale. Utzi itzazu 15 segundoz.
- Gehitu tipula, turmeric eta pipermina hautsa. Salteatu nahasketa su ertainean 1-2 minutuz.
- Gehitu jengibre-pasta eta baratxuri-pasta. Frijitu 2-3 minutuz, etengabe nahastuz.
- Gehitu gatza eta anaardo xehatua. Ondo nahastu eta beste minutu batez frijitu.
- Gehitu jogurta eta oilaskoa. Nahastu astiro-astiro nahasketak oilasko zatiak estali arte.
- Estalki batekin estali eta nahasketa su motelean egosi 40 minutuz, maiz irabiatuz.
- Estali zartagina eta gehitu esnegaina eta kardamomoa. Nahasi astiro-astiro 5 minutuz.
- Apaindu oilaskoa martorri hostoekin. Zerbitzatu beroa.

pazko oilaskoa

4 lagunentzat

Osagaiak

1 koilaratxo limoi zukua

1 koilaratxo jengibre pasta

1 koilaratxo baratxuri pasta

Gatza dastatzeko

1 kg / 2¼ lb oilaskoa, 8 zatitan moztuta

2 koilarakada martorri haziak

12 baratxuri ale

2,5 cm / 1 hazbeteko jengibre erroa

1 koilaratxo kumino haziak

8 pipermin gorri

4 hortz

2,5 cm / 1 hazbeteko kanela

1 koilaratxo turmeric

1 litro / 1¾ pinta ur

4 koilarakada landare-olio findua

3 tipula handi, fin-fin txikituta

4 pipermin berde, luzera moztuta

3 tomate, fin-fin txikituta

1 koilaratxo tamarindo pasta

2 patata handi, laurdenetan moztuta

Metodoa

- Nahastu limoi zukua, jengibre-pasta, baratxuri-pasta eta gatza. Marinatu oilasko zatiak nahasketa honekin 2 orduz.
- Nahastu martorri haziak, baratxuria, jengibrea, kumino haziak, pipermin gorriak, ale, kanela eta turmeric.
- Nahasketa hau uraren erdiarekin xehatu pasta leun bat lortu arte. Alde batera utzi.
- Berotu olioa kazola batean. Gehitu tipulak. Frijitu su ertainean zeharrargi bihurtu arte.
- Gehitu piper berdeak eta martorri haziak-baratxuri pasta. Frijitu nahasketa hau 3-4 minutuz.
- Gehitu tomateak eta tamarindo pasta. Jarraitu frijitzen 2-3 minutuz.
- Gehitu marinatutako oilaskoa, patatak eta gainerako ura. Ondo nahastu. Estalki batekin estali eta su baxuan egosi 40 minutuz, aldizka irabiatuz.
- Zerbitzatu beroa.

Ahate pikantea patatekin

4 lagunentzat

Osagaiak

1 koilarakada martorri ehoa

2 koilarakada txili hautsa

¼ koilaratxo turmeric

5 cm / 2 hazbeteko kanela

6 hortz

4 kardamomo leka berde

1 koilarakada mihilu haziak

60 ml / 2 fl oz landare-olio findua

4 tipula handi, xerra finetan

5 cm / 2 hazbeteko erro jengibrea, birrindua

8 baratxuri ale

6 piper berde, luzera moztuta

3 patata handi, laurdenetan moztuta

1 kg / 2¼ kilo ahate, 8-10 zatitan txikituta

2 koilarakada malta ozpina

750 ml / 1¼ pinta koko esnea

Gatza dastatzeko

1 koilaratxo ghee

1 koilaratxo mostaza haziak

2 txalota, xerratan

8 curry hosto

Metodoa

- Nahastu martorria, pipermina hautsa, turmeric, kanela, ale, kardamomoa eta mihilu haziak. Nahasketa hau hauts batean birrindu. Alde batera utzi.
- Berotu olioa kazola batean. Gehitu tipula, jengibrea, baratxuria eta pipermin berdea. Frijitu su ertainean 2-3 minutuz.
- Gehitu espezia nahasketa hautsa. Salteatu 2 minutuz.
- Gehitu patatak. Jarraitu frijitzen 3-4 minutuz.
- Gehitu ahatea, malta ozpina, koko esnea eta gatza. Mugitu 5 minutuz. Estalki batekin estali eta nahasketa su motelean egosi 40 minutuz, maiz irabiatuz. Ahatea prestatuta dagoenean, kendu sutik eta utzi.
- Berotu ghee kazola txiki batean. Gehitu mostaza haziak, txalota eta curry hostoak. Salteatu su bizian 30 segundoz.
- Bota hau ahatearen gainean. Ondo nahastu. Zerbitzatu beroa.

ahate moile

(Ahate curry sinplea)

4 lagunentzat

Osagaiak

1 kg ahate, 12 zatitan txikituta

Gatza dastatzeko

1 koilarakada martorri ehoa

1 koilarakada ehoko kuminoa

6 piperbeltz ale

4 hortz

2 kardamomo leka berde

2,5 cm / 1 hazbeteko kanela

120 ml / 4 fl oz landare-olio findua

3 tipula handi, fin-fin txikituta

5 cm / 2 hazbeteko erro jengibrea, xerra mehean

3 piper berde fin-fin txikituta

½ koilaratxo azukre

2 koilarakada malta ozpina

360 ml / 12 fl oz ur

Metodoa

- Marinatu ahate zatiak gatzarekin ordubetez.
- Nahastu lurreko martorria, beheko kuminoa, piper ale, ale, kardamomoa eta kanela. Lehortu nahasketa hau zartagin batean su ertainean 1-2 minutuz.
- Kendu sutik eta xehatu hauts fin batean. Alde batera utzi.
- Berotu olioa kazola batean. Gehitu marinatutako ahate zatiak. Su ertainean frijitu gorritu arte. Biratu noizean behin erre ez daitezen. Xukatu eta erreserbatu.
- Berotu olio bera eta gehitu tipula. Su ertainean frijitu gorritu arte.
- Gehitu jengibrea eta piper berdeak. Jarraitu frijitzen 1-2 minutuz.
- Gehitu azukrea, malta ozpina eta martorri-kumino hautsa. Mugitu 2-3 minutuz.
- Gehitu ahate zatiak urarekin batera. Ondo nahastu. Estalki batekin estali eta su baxuan egosi 40 minutuz, noizean behin irabiatuz.
- Zerbitzatu beroa.

Bharwa Murgh Kaju

(Oilaskoa anaardoz betea)

4 lagunentzat

Osagaiak

3 koilarakada jengibre pasta

3 koilarakada baratxuri pasta

10 anaardo, ehoa

1 koilaratxo chili hautsa

1 koilaratxo garam masala

Gatza dastatzeko

8 oilasko bularra, berdinduta

4 tipula handi, fin-fin txikituta

200g / 7oz khoya*

6 piper berde fin-fin txikituta

25 g / 1 oz menda hosto eskasak, fin-fin txikituta

25 g / 1oz martorri hosto eskasak, fin-fin txikituta

2 koilarakada limoi zukua

75 g / 2½ oz ghee

75 g / 2½ oz anaardo, ehoa

400g / 14oz jogurt, astindua

2 koilarakada garam masala

2 koilarakada azafraia, 2 koilarakada esne epeletan bustita

Gatza dastatzeko

Metodoa

- Nahastu jengibre-pasta erdia eta baratxuri-pasta erdia anaardo lurzoruarekin, pipermin hautsarekin, garam masala eta gatz pixka batekin.
- Marinatu oilasko bularkiak nahasketa honekin 30 minutuz.
- Nahastu tipula erdia khoyarekin, pipermin berdearekin, menda hostoekin, martorri hostoekin eta limoi zukuarekin. Zatitu nahasketa hau 8 zati berdinetan.
- Zabaldu oilasko bularki marinatua. Gehitu tipula-khoya nahasketaren zati bat. Bilatu itzulbiratu bat bezala.
- Errepikatu hau gainontzeko oilasko bularretarako.
- Labeko ontzi bat koipeztatu eta oilasko bularrak beteak barruan jarri, mutur solteak behera.
- Erre oilaskoa 200 °C (400 °F, Gas Mark 6) labean 20 minutuz. Alde batera utzi.
- Berotu ghee kazola batean. Gehitu gainerako tipulak. Frijitu su ertainean zeharrargi bihurtu arte.

- Gehitu gainerako jengibre-pasta eta baratxuri-pasta. Frijitu nahasketa 1-2 minutuz.
- Gehitu beheko anaardoak, jogurtak eta garam masala. Mugitu 1-2 minutuz.
- Gehitu plantxan oilasko erroiluak, azafraiaren nahasketa eta gatz pixka bat. Ondo nahastu. Estalki batekin estali eta su baxuan egosi 15-20 minutuz. Zerbitzatu beroa.

oilasko masala jogurtarekin

4 lagunentzat

Osagaiak

1 kg / 2¼ lb oilaskoa, 12 zatitan moztuta

7,5 cm / 3in erro jengibrea, birrindua

10 baratxuri ale, xehatuta

½ koilaratxo chili hautsa

½ koilaratxo garam masala

½ koilaratxo turmeric

2 pipermin berde

Gatza dastatzeko

200 g / 7 oz jogurt

½ koilaratxo kumino haziak

1 koilarakada martorri haziak

4 hortz

4 piper beltz

2,5 cm / 1 hazbeteko kanela

4 kardamomo leka berde

6-8 almendra

5 koilarakada ghee

4 tipula ertain, fin-fin txikituta

250 ml / 8 fl oz ur

1 koilarakada martorri hosto fin-fin txikituta

Metodoa
- Oilasko zatiak sardexka batekin zulatu. Alde batera utzi.
- Nahastu jengibrearen erdia eta baratxuria pipermin hautsarekin, garam masala, turmeric, pipermin berdearekin eta gatzarekin. Ehotu nahasketa hau pasta leun bat lortu arte. Irabiatu pasta jogurtarekin.
- Marinatu oilaskoa nahasketa honekin 4-5 orduz. Alde batera utzi.
- Berotu kazola bat. Lehorrean erre kumino haziak, martorri haziak, ale, pizia, kanela, kardamomoa eta almendrak. Alde batera utzi.

- Berotu 4 koilarakada ghee kazola astun batean. Gehitu tipulak. Frijitu su ertainean zeharrargi bihurtu arte.
- Gehitu gainerako jengibrea eta baratxuria. Frijitu 1-2 minutuz.
- Kendu sutik eta nahastu nahasketa hau kumino erre lehorarekin eta martorri nahasketarekin, pasta leun bat lortu arte.

- Berotu gainerako ghee kazola batean. Gehitu pasta eta frijitu su ertainean 2-3 minutuz.
- Gehitu marinatutako oilaskoa eta frijitu beste 3-4 minutuz.
- Gehitu ura. Nahasi astiro-astiro minutu batez. Estalki batekin estali eta su baxuan egosi 30 minutuz, aldizka irabiatuz.
- Martorri hostoekin apaindu eta beroa zerbitzatu.

Dhansak oilaskoa

(Oilasko egosi Parsi erara)

4 lagunentzat

Osagaiak

75 g / 2½ oz edo dhal*

75 g / 2½ oz mung dhal*

75 g / 2½ oz masoor dhal*

75 g / 2½ oz chana dhal*

1 berenjena txikia, fin-fin txikituta

25 g / 1oz eskas kalabaza, fin-fin txikituta

Gatza dastatzeko

1 litro / 1¾ pinta ur

8 piper beltz

6 hortz

2,5 cm / 1 hazbeteko kanela

Maza pixka bat

2 erramu hosto

1 izar anis

3 pipermin gorri lehorrak

2 koilarakada landare-olio findua

50 g / 1¾oz martorri hosto, fin-fin txikituta

50 g / 1¾oz fenugreek hosto freskoak, fin-fin txikituta

50 g / 1¾oz menda hosto, fin-fin txikituta

750 g / 1 lb 10 oz hezurrik gabeko oilaskoa, 12 zatitan moztuta

1 koilaratxo turmeric

¼ koilaratxo intxaur muskatu birrindua

1 koilarakada baratxuri pasta

1 koilarakada jengibre pasta

1 koilarakada tamarindo pasta

Metodoa

- Nahastu dhalak brinjal, kalabaza, gatza eta ur erdiarekin. Egosi nahasketa hau kazola batean su ertainean 45 minutuz.
- Kendu sutik eta nahastu nahasketa hori pasta leun bat lortu arte. Alde batera utzi.
- Nahastu piper aleak, aleak, kanela, maza, erramu hostoak, izar anisa eta pipermin gorriak. Lehortu nahasketa su ertainean 2-3 minutuz. Kendu sutik eta xehatu hauts fin batean. Alde batera utzi.
- Berotu olioa kazola batean. Gehitu martorri, fenugreek eta menda hostoak. Frijitu su ertainean 1-2 minutuz. Kendu sutatik eta birrindu pasta bat lortu arte. Alde batera utzi.
- Nahastu oilaskoa turmeric, intxaur muskatua, baratxuri-pasta, jengibre-pasta, dhal-pasta eta

gainerako urarekin. Egosi nahasketa hau kazola batean su ertainean 30 minutuz, noizean behin irabiatuz.

- Gehitu martorri pasta, fenugreek eta menda hostoak. Egosi 2-3 minutuz.
- Gehitu piper ale hautsa eta tamarindo pasta. Ondo nahastu. Nahastu nahasketa su motelean 8-10 minutuz.
- Zerbitzatu beroa.

Chatpata oilaskoa

(Oilasko pikantea)

4 lagunentzat

Osagaiak

500 g / 1 lb 2 oz hezurrik gabeko oilaskoa, zati txikitan txikituta

2 koilarakada landare-olio findua

150 g / 5½ oz azalore loreak

200g / 7oz perretxikoak, xerratan

1 azenario handi, xerratan

1 piper berde handi, hazia eta txikituta

Gatza dastatzeko

½ koilaratxo piper beltz ehoa

10-15 curry hosto

5 piper berde fin-fin txikituta

5 cm / 2 hazbeteko erro jengibrea, fin-fin txikituta

10 baratxuri ale fin-fin txikituta

4 koilarakada tomate pure

4 koilarakada martorri hosto, fin-fin txikituta

Marinadarako:

125 g / 4½ oz jogurt

1 koilarakada eta erdi jengibre-pasta

1 koilarakada eta erdi baratxuri pasta

1 koilaratxo chili hautsa

1 koilaratxo garam masala

Gatza dastatzeko

Metodoa

- Nahastu marinada osagai guztiak.
- Marinatu oilaskoa nahasketa honekin 1 orduz.
- Berotu koilarakada erdi olio kazola batean. Gehitu azalorea, perretxikoak, azenarioa, piper berdea, gatza eta ehotutako piper beltza. Ondo nahastu. Frijitu nahasketa su ertainean 3-4 minutuz. Alde batera utzi.
- Berotu geratzen den olioa beste kazola batean. Gehitu curry hostoak eta pipermin berdeak. Frijitu su ertainean minutu batez.
- Gehitu jengibrea eta baratxuria. Frijitu minutu bat gehiago.
- Gehitu marinatutako oilaskoa eta barazki frijituak. Frijitu 4-5 minutuz.
- Gehitu tomate-purea. Ondo nahastu. Estalki batekin estali eta nahasketa su motelean egosi 40 minutuz, noizean behin irabiatuz.
- Martorri hostoekin apaindu. Zerbitzatu beroa.

Ahate Masala Koko Esnean

4 lagunentzat

Osagaiak

1 kg ahate, 12 zatitan txikituta

Landare olio findua frijitzeko

3 patata handi, txikituta

750 ml / 1¼ pinta ur

4 koilaratxo koko olio

1 tipula handi, xerra finetan

100 g / 3½ oz koko esnea

Espeziak nahasteko:

2 koilarakada martorri ehoa

½ koilaratxo turmeric

1 koilaratxo piper beltz ehoa

¼ koilaratxo kumino haziak

¼ koilaratxo kumino beltza haziak

2,5 cm / 1 hazbeteko kanela

9 hortz

2 kardamomo leka berde

8 baratxuri ale

2,5 cm / 1 hazbeteko jengibre erroa

1 koilarakada malta ozpina

Gatza dastatzeko

Metodoa

- Nahastu espeziak nahasketa osagaiak eta xehatu ore leun batean.
- Marinatu ahatea ore honekin 2-3 orduz.
- Berotu olioa kazola batean. Gehitu patatak eta frijitu su ertainean gorritu arte. Xukatu eta erreserbatu.
- Berotu ura kazola batean. Gehitu marinatutako ahate zatiak eta egosi 40 minutuz, noizean behin irabiatuz. Alde batera utzi.
- Berotu koko olioa zartagin batean. Gehitu tipula eta frijitu su ertainean urreztatu arte.
- Gehitu koko esnea. Egosi nahasketa 2 minutuz, maiz irabiatuz.
- Kendu sutik eta gehitu nahasketa hau ahate egosiari. Ondo nahastu eta su baxuan egosi 5-10 minutuz.
- Patatekin apaindu. Zerbitzatu beroa.

Dil Bahar Oilaskoa

(Oilasko krematsua)

4 lagunentzat

Osagaiak

4-5 koilarakada landare-olio findu

2 erramu hosto

5 cm / 2 hazbeteko kanela

3 kardamomo leka berde

4 hortz

2 tipula handi, fin-fin txikituta

1 koilaratxo jengibre pasta

1 koilaratxo baratxuri pasta

2 koilarakada ehoko kuminoa

2 koilarakada martorri ehoa

½ koilaratxo turmeric

4 pipermin berde, luzera moztuta

750 g / 1 lb 10 oz hezurrik gabeko oilaskoa, 16 zatitan moztuta

50 g / 1¾oz udaberriko tipula, fin-fin txikituta

1 piper berde handi, fin-fin txikituta

1 koilaratxo garam masala

Gatza dastatzeko

150 g / 5½ oz tomate purea

125 g / 4½ oz jogurt

250 ml / 8 fl oz ur

2 gurina koilarakada

85g / 3oz anaardo

500 ml / 16 fl oz esne kondentsatua

250 ml / 8 fl oz krema likidoa

1 koilarakada martorri hosto fin-fin txikituta

Metodoa

- Berotu olioa kazola batean. Gehitu erramu hostoak, kanela, kardamomoa eta ale. Utzi itzazu 30 segundoz.
- Gehitu tipula, jengibre-pasta eta baratxuri-pasta. Frijitu nahasketa hau su ertainean tipula urreztatu arte.
- Gehitu beheko kuminoa, beheko martorria, turmeric eta pipermin berdea. Frijitu nahasketa 2-3 minutuz.
- Gehitu oilasko zatiak. Ondo nahastu. Frijitu 5 minutuz.
- Gehitu tipula, piper berdea, garam masala eta gatza. Jarraitu frijitzen 3-4 minutuz.
- Gehitu tomate purea, jogurta eta ura. Ondo nahastu eta tapa batekin estali. Egosi nahasketa su motelean 30 minutuz, noizean behin irabiatuz.
- Oilasko nahasketa prestatzen ari den bitartean, gurina beste kazola batean berotu. Gehitu anaardoak eta frijitu su ertainean gorritu arte. Alde batera utzi.

- Gehitu esne kondentsatua eta esnegaina oilaskoaren nahasteari. Ondo nahastu eta su baxuan egosten jarraitu 5 minutuz.
- Gehitu gurina anaardo frijituekin eta ondo nahastu 2 minutuz.
- Martorri hostoekin apaindu. Zerbitzatu beroa.

dum ka murgh

(Oilasko motela)

4 lagunentzat

Osagaiak

4 koilarakada landare-olio findu gehi frijitzeko gehigarria

3 tipula handi, xerratan

10 almendra

10 anaardo

1 koilarakada koko lehortua

1 koilaratxo jengibre pasta

1 koilaratxo baratxuri pasta

½ koilaratxo turmeric

1 koilaratxo chili hautsa

Gatza dastatzeko

200 g / 7 oz jogurt

1 kg / 2¼ lb oilaskoa, fin-fin txikituta

1 koilarakada martorri hostoak, txikituta

1 koilarakada menda hostoak, txikituta

½ koilaratxo azafraia

Metodoa

- Berotu olioa frijitzeko. Gehitu tipula eta frijitu su ertainean urreztatu arte. Xukatu eta erreserbatu.
- Nahastu almendrak, anaardoak eta kokoa. Nahasketa lehorra erre. Nahastu nahikoa urarekin ore leun bat osatzeko.
- Berotu 4 koilarakada olio kazola batean. Gehitu jengibre-pasta, baratxuri-pasta, turmeric eta chili hautsa. Frijitu su ertainean 1-2 minutuz.
- Gehitu almendra-anakar pasta, tipula frijitua, gatza eta jogurta. Egosi 4-5 minutuz.

- Transferitu zartagin erregogor batera. Gehitu oilaskoa, cilantroa eta menda hostoak. Ondo nahastu.
- Gainean azafraia hautseztatu. Zigilatu aluminiozko paperarekin eta estali ondo estalki batekin. Labean 180 °C (350 °F, Gas Mark 4) labean 40 minutuz.
- Zerbitzatu beroa.

Murgh Kheema Masala

(Oilasko xehatua pikantea)

4 lagunentzat

Osagaiak

60 ml / 2 fl oz landare-olio findua

5 cm / 2 hazbeteko kanela

4 hortz

2 kardamomo leka berde

½ koilaratxo kumino haziak

2 tipula handi, fin-fin txikituta

1 koilarakada martorri ehoa

½ koilaratxo ehoko kuminoa

½ koilaratxo turmeric

1 koilaratxo chili hautsa

2 koilarakada jengibre-pasta

3 koilarakada baratxuri pasta

3 tomate, fin-fin txikituta

200g / 7oz ilar izoztuak

1 kg oilasko xehatua

75 g / 2½ oz anaardo, ehoa

125 g / 4½ oz jogurt

250 ml / 8 fl oz ur

Gatza dastatzeko

4 koilarakada krema

25 g / 1oz martorri hosto eskasak, fin-fin txikituta

Metodoa

- Berotu olioa kazola batean. Gehitu kanela, ale, kardamomoa eta kumino haziak. Utzi itzazu 15 segundoz.
- Gehitu tipula, martorri lurra, kuminoa, turmeric eta chili hautsa. Frijitu su ertainean 1-2 minutuz.
- Gehitu jengibre-pasta eta baratxuri-pasta. Jarraitu frijitzen minutu batez.
- Gehitu tomateak, ilarrak eta oilasko xehatua. Ondo nahastu. Egosi nahasketa hau su motelean 10-15 minutuz, noizean behin irabiatuz.
- Gehitu jogurta, ura eta gatza. Ondo nahastu. Estalki batekin estali eta su baxuan egosi 20-25 minutuz.
- Dekoratu krema eta martorri hostoekin. Zerbitzatu beroa.

Nawabi oilasko betea

4 lagunentzat

Osagaiak

200 g / 7 oz jogurt

2 koilarakada limoi zukua

½ koilaratxo turmeric

Gatza dastatzeko

1 kg oilaskoa

100 g / 3½ oz ogi birrindua

Betetzeko:

120 ml / 4 fl oz landare-olio findua

1½ koilaratxo jengibre-pasta

1½ koilarakada baratxuri pasta

2 tipula handi, fin-fin txikituta

2 piper berde fin-fin txikituta

½ koilaratxo chili hautsa

1 oilasko mozorro txikitua

1 oilasko gibela txikituta

200g / 7oz ilarrak

2 azenario, zatituta

50 g / 1¾oz martorri hosto, fin-fin txikituta

2 koilarakada menda hosto fin-fin txikituta

½ koilaratxo piper beltz ehoa

½ koilaratxo garam masala

20 anaardo txikituta

20 mahaspasa

Metodoa

- Irabiatu jogurta limoi zukuarekin, turmeric eta gatzarekin. Marinatu oilaskoa nahasketa honekin 1-2 orduz.
- Betetzeko, olioa berotu kazola batean. Gehitu jengibre-pasta, baratxuri-pasta eta tipula eta frijitu su ertainean 1-2 minutuz.
- Gehitu pipermin berdea, pipermin hautsa, oilasko mozorroa eta oilasko gibela. Ondo nahastu. Frijitu 3-4 minutuz.
- Gehitu ilarrak, azenarioak, martorri hostoak, menda hostoak, piperra, garam masala, anaardoak eta mahaspasak. Mugitu 2 minutuz. Estalki batekin estali eta irakiten 20 minutuz, noizean behin irabiatuz.
- Kendu sutik eta utzi hozten.
- Bete nahasketa hau marinatutako oilaskoarekin.
- Oilasko betea ogi birritan birrindu eta aurrez berotutako 200 °C (400 °F, Gas Mark 6) labean erre 50 minutuz.
- Zerbitzatu beroa.

Murgh ke Nazare

(Oilaskoa Cheddar Gaztarekin eta Paneerrekin)

4 lagunentzat

Osagaiak

Gatza dastatzeko

½ koilarakada jengibre-pasta

½ koilarakada baratxuri pasta

1 limoi zukua

750g / 1lb 10oz hezurrik gabeko oilasko zatiak, berdinduak

75 g / 2½ oz panela*, birrindua

250 g / 9oz oilasko xehatua

2½ oz / 75 g cheddar gazta birrindua

1 koilarakada martorri ehoa

½ koilaratxo garam masala

½ koilaratxo turmeric

125 g / 4½ oz khoya*

1 koilaratxo chili hautsa

2 arrautza, egosiak eta fin-fin txikituta

3 tomate, fin-fin txikituta

2 piper berde fin-fin txikituta

2 tipula handi, fin-fin txikituta

2 koilarakada martorri hosto txikituta

½ koilarakada jengibre hautsa

Saltsarako:

4 koilarakada landare-olio findua

½ koilarakada jengibre-pasta

½ koilarakada baratxuri pasta

2 tipula handi, xehatuta

2 piper berde fin-fin txikituta

½ koilaratxo turmeric

1 koilarakada martorri ehoa

½ koilaratxo piper zuri ehoa

½ koilaratxo ehoko kuminoa

½ koilarakada jengibre-hauts lehorra

200 g / 7 oz jogurt

4 anaardo, ehoa

4 almendra xehatuta

125 g / 4½ oz khoya*

Metodoa

- Nahastu gatza, jengibre-pasta, baratxuri-pasta eta limoi zukua. Marinatu oilaskoa nahasketa honekin 1 orduz. Alde batera utzi.
- Nahastu paneer oilasko xehatuarekin, gazta, martorri xehatuarekin, garam masala, turmeric eta khoyarekin.
- Zabaldu nahasketa hau marinatutako oilaskoaren gainean. Gainean hautseztatu chili hautsa, arrautzak, tomateak, piper berdeak, tipula, martorri hostoak eta jengibre hautsa. Bilatu oilaskoa bilgarri gisa eta zigilatu katearekin ondo lotuz.
- Labean 200 °C (400 °F, Gas Mark 6) labean 30 minutuz. Alde batera utzi.
- Saltsarako, berotu olioa kazola batean. Gehitu jengibre-pasta, baratxuri-pasta, tipula eta pipermin berdea. Frijitu su ertainean 2-3 minutuz. Gehitu gainerako saltsaren osagaiak. Egosi 7-8 minutuz.
- Moztu oilasko erroilua zati txikitan eta jarri plater batean. Saltsa bota haien gainean. Zerbitzatu beroa.

Murgh Pasanda

(Oilasko mokadu pikanteak)

4 lagunentzat

Osagaiak

1 koilaratxo turmeric

1 oz / 30 g martorri hosto, txikituta

1 koilaratxo chili hautsa

¼ oz / 10 g menda hosto, fin-fin txikituta

1 koilaratxo garam masala

5cm / 2in papaya gordina zatia, lurra

1 koilaratxo jengibre pasta

1 koilaratxo baratxuri pasta

Gatza dastatzeko

750 g / 1 lb 10 oz oilasko bularkia, xerra finetan

6 koilarakada landare-olio findua

Metodoa

- Nahastu osagai guztiak oilaskoa eta olioa izan ezik. Marinatu oilasko xerrak nahasketa honekin 3 orduz.
- Berotu olioa zartagin batean. Gehitu marinatutako oilasko xerrak eta frijitu su ertainean urrezko marroi arte, noizean behin buelta emanez. Zerbitzatu beroa.

murgh masala

(Oilasko masala)

4 lagunentzat

Osagaiak

4 koilarakada landare-olio findua

2 tipula handi, birrindua

1 tomate, fin-fin txikituta

Gatza dastatzeko

1 kg / 2¼ lb oilaskoa, 8 zatitan moztuta

360 ml / 12 fl oz ur

360 ml / 12 fl oz koko esnea

Espeziak nahasteko:

2 koilarakada garam masala

1 koilaratxo kumino haziak

1½ koilarakada mitxoleta haziak

4 pipermin gorri

½ koilaratxo turmeric

8 baratxuri ale

2,5 cm / 1 hazbeteko jengibre erroa

Metodoa

- Ehotzeko espezia nahasketa nahikoa urarekin ore leun bat osatzeko. Alde batera utzi.
- Berotu olioa kazola batean. Gehitu tipula eta frijitu su ertainean urreztatu arte. Gehitu nahastutako espezia-pasta eta frijitu 5-6 minutuz.
- Gehitu tomatea, gatza, oilaskoa eta ura. Estalki batekin estali eta egosi 20 minutuz. Gehitu koko esnea, ondo nahastu eta zerbitzatu beroa.

bohri oilasko krema

(Oilaskoa saltsa krematsuan)

4 lagunentzat

Osagaiak

3 tipula handi

2,5 cm / 1 hazbeteko jengibre erroa

8 baratxuri ale

6 pipermin berde

100 g / 3½ oz martorri hosto, fin-fin txikituta

3 koilarakada menda hosto fin-fin txikituta

120 ml / 4 fl oz ur

1 kg / 2¼ lb oilaskoa, 8 zatitan moztuta

2 koilarakada limoi zukua

1 koilaratxo piper beltz ehoa

250 ml / 8 fl oz krema likidoa

30 g / 1 oz ghee

Gatza dastatzeko

Metodoa

- Nahastu tipula, jengibrea, baratxuria, piper berdeak, martorri hostoak eta menda hostoak. Nahasketa hau urarekin xehatu pasta fin bat egiteko.
- Marinatu oilaskoa ore honen erdiarekin eta limoi zukuarekin 1 orduz.
- Oilasko marinatua kazola batean jarri eta gainontzeko pasta bota. Nahasketa honen gainean gainontzeko osagaiak hautseztatu.
- Zigilatu paperarekin, estali ondo tapa batekin eta egosi 45 minutuz. Zerbitzatu beroa.

jhatpat murgh

(Oilasko azkarra)

4 lagunentzat

Osagaiak

4 koilarakada landare-olio findua

2 tipula handi, xerra finetan

2 koilarakada jengibre-pasta

Gatza dastatzeko

1 kg / 2¼ lb oilaskoa, 12 zatitan moztuta

¼ koilarakada azafraia, 2 koilarakada esnetan disolbatuta

Metodoa

- Berotu olioa kazola batean. Gehitu tipula eta jengibre-pasta. Frijitu su ertainean 2 minutuz.
- Gehitu gatza eta oilaskoa. Egosi su motelean 30 minutuz, maiz irabiatuz. Azafraiaren nahasketa hautseztatu. Zerbitzatu beroa.

oilasko curry berdea

4 lagunentzat

Osagaiak

Gatza dastatzeko

turmeric pixka bat

1 limoi zukua

1 kg / 2¼ lb oilaskoa, 12 zatitan moztuta

3,5 cm / 1½ hazbeteko erro jengibrea

8 baratxuri ale

100 g / 3½ oz martorri hosto, txikituta

3 pipermin berde

4 koilarakada landare-olio findua

2 tipula handi, birrindua

½ koilaratxo garam masala

250 ml / 8 fl oz ur

Metodoa

- Nahastu gatza, turmeric eta limoi zukua. Marinatu oilaskoa nahasketa honekin 30 minutuz.
- Moztu jengibrea, baratxuria, martorri hostoak eta piperminak ore leun batean.
- Berotu olioa kazola batean. Gehitu pasta tipula birrinduarekin batera eta frijitu su ertainean 2-3 minutuz.
- Gehitu marinatutako oilaskoa, garam masala eta ura. Ondo nahastu eta su baxuan egosi 40 minutuz, maiz irabiatuz. Zerbitzatu beroa.

Murgh Bhartha

(Oilasko gisatua arrautzekin)

4 lagunentzat

Osagaiak

4 koilarakada landare-olio findua

2 tipula handi, xerra finetan

500 g / 1 lb 2 oz hezurrik gabeko oilaskoa, zatituta

1 koilaratxo garam masala

½ koilaratxo turmeric

Gatza dastatzeko

3 tomate, xerra finetan

1 oz / 30 g martorri hosto, txikituta

4 arrautza gogor, erditik moztuta

Metodoa

- Berotu olioa kazola batean. Frijitu tipula su ertainean urreztatu arte. Gehitu oilaskoa, garam masala, turmeric eta gatza. Frijitu 5 minutuz.
- Gehitu tomateak. Ondo nahastu eta su baxuan egosi 30-40 minutuz. Martorri hostoekin eta arrautzekin apaindu. Zerbitzatu beroa.

Oilaskoa Ajowan haziekin

4 lagunentzat

Osagaiak

3 koilarakada landare-olio findua

1½ koilaratxo ajowan haziak

2 tipula handi, fin-fin txikituta

1 koilaratxo jengibre pasta

1 koilaratxo baratxuri pasta

4 tomate, fin-fin txikituta

2 koilarakada martorri ehoa

1 koilaratxo chili hautsa

1 koilaratxo turmeric

1 kg / 2¼ lb oilaskoa, 8 zatitan moztuta

250 ml / 8 fl oz ur

1 limoi zukua

1 koilaratxo garam masala

Gatza dastatzeko

Metodoa

- Berotu olioa kazola batean. Gehitu ajowan haziak. Utzi itzazu 15 segundoz.
- Gehitu tipula eta frijitu su ertainean urreztatu arte. Gehitu jengibre-pasta, baratxuri-pasta eta tomateak. Frijitu 3 minutuz, noizean behin irabiatuz.
- Gehitu gainerako osagai guztiak. Ondo nahastu eta tapa batekin estali. Egosi 40 minutuz eta zerbitzatu beroa.

Oilasko tikka espinakarekin

4 lagunentzat

Osagaiak

1 kg / 2¼ lb hezurrik gabeko oilaskoa, 16 zatitan moztuta

2 koilarakada ghee

1 koilaratxo chaat masala*

2 koilarakada limoi zukua

Marinadarako:

100 g / 3½ oz espinakak, ehoa

50 g / 1¾oz ehotutako martorri hosto

1 koilaratxo jengibre pasta

1 koilaratxo baratxuri pasta

200 g / 7 oz jogurt

1 koilaratxo eta erdi garam masala

Metodoa

- Nahastu marinadarako osagai guztiak. Marinatu oilaskoa nahasketa honekin 2 orduz.
- Bota oilaskoa gheearekin eta erre 200 °C (400 °F, Gas Mark 6) labean 45 minutuz. Gainean hautseztatu chaat masala eta limoi zukua. Zerbitzatu beroa.

Yakhni oilaskoa

(Kaxmirko oilaskoa)

4 lagunentzat

Osagaiak

3 koilarakada landare-olio findua

1 kg / 2¼ lb oilaskoa, 8 zatitan moztuta

400 g jogurt

125 g / 4½ oz besan*

2 hortz

2,5 cm / 1 hazbeteko kanela

6 piper ale

1 koilarakada ehoa jengibrea

2 koilarakada mihilu ehoa

Gatza dastatzeko

250 ml / 8 fl oz ur

50 g / 1¾oz martorri hosto, txikituta

Metodoa

- Berotu olioaren erdia zartagin batean. Gehitu oilasko zatiak eta frijitu su ertainean gorritu arte. Alde batera utzi.
- Irabiatu jogurta besanarekin, pasta lodi bat osatu arte. Alde batera utzi.
- Berotu gainerako olioa kazola batean. Gehitu aleak, kanela, piper aleak, jengibrea, mihilua eta gatza. Frijitu 4-5 minutuz.
- Gehitu oilasko frijitua, ura eta jogurt pasta. Ondo nahastu eta su baxuan egosi 40 minutuz. Martorri hostoekin apaindu. Zerbitzatu beroa.

chili oilaskoa

4 lagunentzat

Osagaiak

3 koilarakada landare-olio findua

4 piper berde fin-fin txikituta

1 koilaratxo jengibre pasta

1 koilaratxo baratxuri pasta

3 tipula handi, xerratan

250 ml / 8 fl oz ur

750 g / 1 lb 10 oz hezurrik gabeko oilaskoa, txikituta

2 piper berde handi, juliana moztuta

2 koilarakada soja saltsa

1 oz / 30 g martorri hosto, txikituta

Gatza dastatzeko

Metodoa

- Berotu olioa kazola batean. Gehitu pipermin berdea, jengibre-pasta, baratxuri-pasta eta tipula. Frijitu su ertainean 3-4 minutuz.
- Gehitu ura eta oilaskoa. Su motelean egosi 20 minutuz.
- Gehitu gainerako osagai guztiak eta egosi 20 minutuz. Zerbitzatu beroa.

piper oilaskoa

4 lagunentzat

Osagaiak

4 koilarakada landare-olio findua

3 tipula handi, fin-fin txikituta

6 baratxuri ale fin-fin txikituta

1 kg / 2¼ lb oilaskoa, 12 zatitan moztuta

3 koilarakada martorri ehoa

2 ½ koilaratxo piper beltz eho berria

½ koilaratxo turmeric

Gatza dastatzeko

250 ml / 8 fl oz ur

1 limoi zukua

50 g / 1¾oz martorri hosto, txikituta

Metodoa

- Berotu olioa kazola batean. Gehitu tipula eta baratxuria eta frijitu su ertainean urreztatu arte.
- Gehitu oilaskoa. Frijitu 5 minutuz, maiz irabiatuz.
- Gehitu martorri behea, piperra, turmeric eta gatza. Frijitu 3-4 minutuz.

- Ura bota, ondo nahastu eta tapa batekin estali. Su motelean egosi 40 minutuz.
- Limoi zukuarekin eta cilantro hostoekin apaindu. Zerbitzatu beroa.

oliorik gabeko oilaskoa

4 lagunentzat

Osagaiak

400 g jogurt

1 koilaratxo chili hautsa

1 koilaratxo jengibre pasta

1 koilaratxo baratxuri pasta

2 piper berde fin-fin txikituta

50 g / 1¾oz ehotutako martorri hosto

1 koilaratxo garam masala

Gatza dastatzeko

750 g / 1 lb 10 oz hezurrik gabeko oilaskoa, 8 zatitan moztuta

Metodoa

- Nahastu osagai guztiak oilaskoa izan ezik. Marinatu oilaskoa nahasketa honekin gau osoan zehar.

- Oilasko marinatua kazola batean egosi su ertainean 40 minutuz, maiz irabiatuz. Zerbitzatu beroa.

Kozi Varatha Curry

(Kairali Chicken Curry Keralatik)

4 lagunentzat

Osagaiak

60 ml / 2 fl oz landare-olio findua

7,5 cm-ko erro jengibrea, fin-fin txikituta

15 baratxuri ale fin-fin txikituta

8 txalota, xerratan

3 pipermin berde, luzera moztuta

1 kg / 2¼ lb oilaskoa, 12 zatitan moztuta

¾ koilaratxo turmeric

Gatza dastatzeko

2 koilarakada martorri ehoa

1 koilarakada garam masala

½ koilaratxo kumino haziak

750 ml / 1¼ pinta koko esnea

5-6 curry hosto

Metodoa

- Berotu olioa kazola batean. Gehitu jengibrea eta baratxuria. Frijitu su ertainean 30 segundoz.

- Gehitu txalotak eta pipermin berdeak. Salteatu minutu batez.

- Gehitu oilaskoa, turmeric, gatza, beheko martorri, garam masala eta kumino haziak. Ondo nahastu. Estalki batekin estali eta egosi 20 minutuz. Gehitu koko esnea. Su motelean egosi 20 minutuz.

- Apaindu curry hostoekin eta zerbitzatu beroa.

Oilasko gisatua

4 lagunentzat

Osagaiak

1 koilarakada landare-olio findua

2 hortz

2,5 cm / 1 hazbeteko kanela

6 piperbeltz ale

3 erramu hosto

2 tipula handi, 8 zatitan txikituta

1 koilaratxo jengibre pasta

1 koilaratxo baratxuri pasta

8 oilasko izter

200 g / 7oz barazki misto izoztuak

250 ml / 8 fl oz ur

Gatza dastatzeko

2 koilarakada irina zuri arrunta, 360 ml / 12 fl oz esnetan disolbatuta

Metodoa

- Berotu olioa kazola batean. Gehitu aleak, kanela, piper aleak eta erramu hostoak. Utzi itzazu 30 segundoz.

- Gehitu tipula, jengibre-pasta eta baratxuri-pasta. Frijitu 2 minutuz.

- Gehitu gainerako osagaiak, irina nahasketa izan ezik. Estalki batekin estali eta su baxuan egosi 30 minutuz. Gehitu irin nahasketa. Ondo nahastu.

- Su motelean egosi 10 minutuz, maiz irabiatuz. Zerbitzatu beroa.

oilasko himani

(Oilasko kardamomoa)

4 lagunentzat

Osagaiak

1 kg / 2¼ lb oilaskoa, 10 zatitan moztuta

3 koilarakada landare-olio findua

¼ koilaratxo kardamomo berde ehoa

Gatza dastatzeko

Marinadarako:

1 koilaratxo jengibre pasta

1 koilaratxo baratxuri pasta

200 g / 7 oz jogurt

2 koilarakada menda hosto, xehatuta

Metodoa

- Nahastu marinada osagai guztiak. Marinatu oilaskoa nahasketa honekin 4 orduz.

- Berotu olioa kazola batean. Gehitu marinatutako oilaskoa eta frijitu su motelean 10 minutuz. Gehitu kardamomoa eta gatza. Ondo nahastu eta egosi 30 minutuz, maiz irabiatuz. Zerbitzatu beroa.

oilasko zuria

4 lagunentzat

Osagaiak

750 g / 1 lb 10 oz hezurrik gabeko oilaskoa, txikituta

1 koilaratxo jengibre pasta

1 koilaratxo baratxuri pasta

1 koilarakada ghee

2 hortz

2,5 cm / 1 hazbeteko kanela

8 piper beltz

2 erramu hosto

Gatza dastatzeko

250 ml / 8 fl oz ur

30g / 1oz anaardo, ehoa

10-12 almendra xehatuta

1 koilarakada krema

Metodoa

- Marinatu oilaskoa jengibre-pastarekin eta baratxuri-pastarekin 30 minutuz.

- Berotu ghee kazola batean. Gehitu aleak, kanela, piper aleak, erramu hostoak eta gatza. Utzi itzazu 15 segundoz.

- Gehitu marinatutako oilaskoa eta ura. Su motelean egosi 30 minutuz. Gehitu anaardoak, almendrak eta esnegaina. Egosi 5 minutuz eta zerbitzatu beroa.

Oilaskoa Masala Gorrian

4 lagunentzat

Osagaiak

3 koilarakada landare-olio findua

2 tipula handi, xerra finetan

1 koilarakada mitxoleta haziak

5 pipermin gorri lehorrak

50 g / 1¾oz koko freskoa birrindua

2,5 cm / 1 hazbeteko kanela

2 koilarakada tamarindo pasta

6 baratxuri ale

500 g / 1 lb 2 oz oilaskoa, txikituta

2 tomate, xerra finetan

1 koilarakada martorri ehoa

1 koilarakada ehoko kuminoa

500 ml / 16 fl oz ur

Gatza dastatzeko

Metodoa

- Berotu olioa kazola batean. Frijitu tipula su ertainean urreztatu arte. Gehitu mitxoleta haziak, chiles, kokoa eta kanela. Frijitu 3 minutuz.

- Gehitu tamarindo pasta eta baratxuria. Ondo nahastu eta birrindu pasta bat lortu arte.

- Nahastu pasta hau gainerako osagai guztiekin. Egosi nahasketa kazola batean su baxuan 40 minutuz. Zerbitzatu beroa.

Jhalfrezie oilaskoa

(Oilaskoa tomate saltsan lodiarekin)

4 lagunentzat

Osagaiak

3 koilarakada landare-olio findua

3 tipula handi, fin-fin txikituta

2,5 cm / 1 hazbeteko erro jengibrea, xerra mehean

1 koilaratxo baratxuri pasta

1 kg / 2¼ lb oilaskoa, 8 zatitan moztuta

½ koilaratxo turmeric

3 koilarakada martorri ehoa

1 koilarakada ehoko kuminoa

4 tomate, zuritu eta purea

Gatza dastatzeko

Metodoa

- Berotu olioa kazola batean. Gehitu tipula, jengibrea eta baratxuri pasta. Frijitu su ertainean tipula urreztatu arte.

- Gehitu oilaskoa, turmeric, beheko martorria eta beheko kuminoa. Frijitu 5 minutuz.

- Gehitu tomate purea eta gatza. Ondo nahastu eta su motelean egosi 40 minutuz, noizean behin irabiatuz. Zerbitzatu beroa.

oilasko curry arrunta

4 lagunentzat

Osagaiak

2 koilarakada landare-olio findua

2 tipula handi, xerratan

½ koilaratxo turmeric

1 koilaratxo jengibre pasta

1 koilaratxo baratxuri pasta

6 piper berde, xerratan

750 g / 1 lb 10 oz oilaskoa, 8 zatitan moztuta

125 g / 4½ oz jogurt

125 g / 4½ oz khoya*

Gatza dastatzeko

50 g / 1¾oz martorri hosto, fin-fin txikituta

Metodoa

- Berotu olioa kazola batean. Gehitu tipulak. Frijitu zeharrargi bihurtu arte.

- Gehitu turmeric, jengibre-pasta, baratxuri-pasta eta pipermin berdea. Frijitu su ertainean 2 minutuz. Gehitu oilaskoa eta frijitu 5 minutuz.

- Gehitu jogurta, khoya eta gatza. Ondo nahastu. Estalki batekin estali eta irakiten 30 minutuz, noizean behin irabiatuz.

- Martorri hostoekin apaindu. Zerbitzatu beroa.

oilasko curry garratza

4 lagunentzat

Osagaiak

1 kg / 2¼ lb oilaskoa, 8 zatitan moztuta

Gatza dastatzeko

½ koilaratxo turmeric

4 koilarakada landare-olio findua

3 tipula fin-fin txikituta

8 curry hosto

3 tomate, fin-fin txikituta

1 koilaratxo jengibre pasta

1 koilaratxo baratxuri pasta

1 koilarakada martorri ehoa

1 koilaratxo garam masala

1 koilarakada tamarindo pasta

½ koilarakada piper beltz ehoa

250 ml / 8 fl oz ur

Metodoa

- Marinatu oilasko zatiak gatzarekin eta turmeric 30 minutuz.

- Berotu olioa kazola batean. Gehitu tipula eta curry hostoak. Frijitu su motelean tipula gardena izan arte.

- Gehitu gainerako osagai guztiak eta oilasko marinatua. Ondo nahastu, tapa batekin estali eta egosi 40 minutuz. Zerbitzatu beroa.

Oilasko Anjeer lehortua

(Oilasko lehorra pikuekin)

4 lagunentzat

Osagaiak

750 g / 1 lb 10 oz oilaskoa, 12 zatitan moztuta

4 koilarakada ghee

2 tipula handi, fin-fin txikituta

250 ml / 8 fl oz ur

Gatza dastatzeko

Marinadarako:

10 piku lehor, ordubetez beratzen

1 koilaratxo jengibre pasta

1 koilaratxo baratxuri pasta

200 g / 7 oz jogurt

1 koilaratxo eta erdi garam masala

2 koilarakada krema

Metodoa

- Nahastu marinada osagai guztiak. Marinatu oilaskoa nahasketa honekin ordubetez.

- Berotu ghee kazola batean. Frijitu tipula su ertainean urreztatu arte.

- Gehitu marinatutako oilaskoa, ura eta gatza. Ondo nahastu, tapa batekin estali eta egosi 40 minutuz. Zerbitzatu beroa.

oilasko jogurta

4 lagunentzat

Osagaiak

1 oz / 30 g menda hosto, fin-fin txikituta

1 oz / 30 g martorri hosto, txikituta

2 koilarakada jengibre-pasta

2 koilarakada baratxuri pasta

400 g jogurt

200g / 7oz tomate purea

1 limoi zukua

1 kg / 2¼ lb oilaskoa, 12 zatitan moztuta

2 koilarakada landare-olio findua

4 tipula handi, fin-fin txikituta

Gatza dastatzeko

Metodoa

- Ehotu menda hostoak eta martorri hostoak pasta fin batean. Nahastu hau jengibre-pasta, baratxuri-pasta, jogurta, tomate purea eta limoi zukua. Marinatu oilaskoa nahasketa honekin 3 orduz.

- Berotu olioa kazola batean. Frijitu tipula su ertainean urreztatu arte.

- Gehitu marinatutako oilaskoa. Estalki batekin estali eta su baxuan egosi 40 minutuz, noizean behin irabiatuz. Zerbitzatu beroa.

Oilasko Frijitua Pikantea

4 lagunentzat

Osagaiak

- 1 koilaratxo jengibre pasta
- 2 koilarakada baratxuri pasta
- 2 piper berde fin-fin txikituta
- 1 koilaratxo chili hautsa
- 1 koilaratxo garam masala

- 2 koilarakada limoi zukua
- ½ koilaratxo turmeric
- Gatza dastatzeko
- 1 kg / 2¼ lb oilaskoa, 8 zatitan moztuta
- Landare olio findua frijitzeko
- Ogi birrindua, estaltzeko

Metodoa

- Nahastu jengibre-pasta, baratxuri-orea, pipermin berdea, chili hautsa, garam masala, limoi zukua, turmeric eta gatza. Marinatu oilaskoa nahasketa honekin 3 orduz.

- Berotu olioa zartagin batean. Estali marinatutako oilasko zati bakoitza ogi birrinduarekin eta frijitu su ertainean urrezko marroi arte.

- Xukatu paper xurgatzaile batean eta zerbitzatu beroa.

oilasko gorena

4 lagunentzat

Osagaiak

1 koilaratxo jengibre pasta

1 koilaratxo baratxuri pasta

1 kg / 2¼ lb oilaskoa, 8 zatitan moztuta

200 g / 7 oz jogurt

Gatza dastatzeko

250 ml / 8 fl oz ur

2 koilarakada landare-olio findua

2 tipula handi, xerratan

4 pipermin gorri

5 cm / 2 hazbeteko kanela

2 kardamomo leka beltz

4 hortz

1 koilarakada chana dhal*, erre lehorra

Metodoa

- Nahastu jengibre-pasta eta baratxuri-pasta. Marinatu oilaskoa nahasketa honekin 30 minutuz. Gehitu jogurta, gatza eta ura. Alde batera utzi.

- Berotu olioa kazola batean. Gehitu tipula, pipermina, kanela, kardamomoa, ale eta chana dhal. Frijitu 3-4 minutuz su baxuan.

- Nahastu ore bat lortu arte eta gehitu oilasko nahasketari. Ondo nahastu.

- Su motelean egosi 30 minutuz. Zerbitzatu beroa.

Oilasko Vindaloo

(Goan estiloko oilasko curry pikantea)

4 lagunentzat

Osagaiak

60 ml / 2 fl oz malta ozpina

1 koilarakada kumino haziak

1 koilaratxo piper ale

6 pipermin gorri

1 koilaratxo turmeric

Gatza dastatzeko

4 koilarakada landare-olio findua

3 tipula handi, fin-fin txikituta

1 kg / 2¼ lb oilaskoa, 8 zatitan moztuta

Metodoa

- Ehotu ozpina kumino haziekin, piperbeltza, piperminarekin, turmeric eta gatza ore leun batean. Alde batera utzi.

- Berotu olioa kazola batean. Gehitu tipula eta frijitu zeharrargitsu arte. Gehitu ozpina eta kumino hazien pasta. Ondo nahastu eta frijitu 4-5 minutuz.

- Gehitu oilaskoa eta su baxuan egosi 30 minutuz. Zerbitzatu beroa.

oilasko karamelizatua

4 lagunentzat

Osagaiak

200 g / 7 oz jogurt

1 koilaratxo jengibre pasta

1 koilaratxo baratxuri pasta

2 koilarakada martorri ehoa

1 koilarakada ehoko kuminoa

1 koilaratxo eta erdi garam masala

Gatza dastatzeko

1 kg / 2¼ lb oilaskoa, 8 zatitan moztuta

3 koilarakada landare-olio findua

2 koilarakada azukre

3 hortz

2,5 cm / 1 hazbeteko kanela

6 piperbeltz ale

Metodoa

- Nahastu jogurta, jengibre-pasta, baratxuri-pasta, martorri lurra, kuminoa, garam masala eta gatza. Marinatu oilaskoa nahasketa honekin gau osoan zehar.

- Berotu olioa kazola batean. Gehitu azukrea, ale, kanela eta piperra. Frijitu minutu batez. Gehitu marinatutako oilaskoa eta su baxuan egosi 40 minutuz. Zerbitzatu beroa.

intxaur oilaskoa

4 lagunentzat

Osagaiak

1 kg / 2¼ lb oilaskoa, 12 zatitan moztuta

Gatza dastatzeko

1 koilaratxo jengibre pasta

1 koilaratxo baratxuri pasta

4 koilarakada landare-olio findua

4 tipula handi, xerratan

15 anaardo, pasta batean xehatuta

6 pipermin gorri, 15 minutuz bustita

2 koilarakada ehoko kuminoa

60 ml / 2 fl oz tomate saltsa

500 ml / 16 fl oz ur

Metodoa

- Marinatu oilaskoa gatzarekin eta jengibre eta baratxuri pastekin ordubetez.

- Berotu olioa kazola batean. Frijitu tipula su ertainean urreztatu arte.

- Gehitu anaardoak, pipermina, kuminoa eta tomate saltsa. Egosi 5 minutuz.

- Gehitu oilaskoa eta ura. Egosi 40 minutuz eta zerbitzatu beroa.

oilasko azkarra

4 lagunentzat

Osagaiak

4 koilarakada landare-olio findua

6 pipermin gorri

6 piperbeltz ale

1 koilarakada martorri haziak

1 koilaratxo kumino haziak

2,5 cm / 1 hazbeteko kanela

4 hortz

1 koilaratxo turmeric

8 baratxuri ale

1 koilaratxo tamarindo pasta

4 tipula ertain, xerra finetan

2 tomate handi, fin-fin txikituta

1 kg / 2¼ lb oilaskoa, 12 zatitan moztuta

250 ml / 8 fl oz ur

Gatza dastatzeko

Metodoa

- Berotu koilarakada erdi olio kazola batean. Gehitu piper gorriak, piper aleak, martorri haziak, kumino haziak, kanela eta ale. Frijitu su ertainean 2-3 minutuz.
- Gehitu turmeric pasta, baratxuria eta tamarindoa. Nahasketa xehatu pasta leun bat lortu arte. Alde batera utzi.
- Berotu gainerako olioa kazola batean. Gehitu tipula eta frijitu su ertainean urreztatu arte. Gehitu tomateak eta frijitu 3-4 minutuz.
- Gehitu oilaskoa eta salteatu 4-5 minutuz.
- Gehitu ura eta gatza. Ondo nahastu eta tapa batekin estali. Su motelean egosi 40 minutuz, noizean behin irabiatuz.
- Zerbitzatu beroa.

Oilasko Coorgi Curry

4 lagunentzat

Osagaiak

1 kg / 2¼ lb oilaskoa, 12 zatitan moztuta

Gatza dastatzeko

1 koilaratxo turmeric

50 g / 1¾oz koko birrindua

3 koilarakada landare-olio findua

1 koilaratxo baratxuri pasta

2 tipula handi, xerra finetan

1 koilarakada ehoko kuminoa

1 koilarakada martorri ehoa

360 ml / 12 fl oz ur

Metodoa

- Marinatu oilaskoa gatza eta turmericarekin ordubetez. Alde batera utzi.
- Kokoa xehatu nahikoa urarekin ore leun bat osatzeko.
- Berotu olioa kazola batean. Gehitu koko-pasta baratxuri-pasta, tipula, kuminoa eta martorri. Frijitu su motelean 4-5 minutuz.
- Gehitu marinatutako oilaskoa. Ondo nahastu eta frijitu 4-5 minutuz. Gehitu ura, tapa batekin estali eta 40 minutuz egosi. Zerbitzatu beroa.

zartagin oilaskoa

4 lagunentzat

Osagaiak

4 koilarakada landare-olio findua

1 koilaratxo jengibre pasta

1 koilaratxo baratxuri pasta

2 tipula handi, fin-fin txikituta

1 koilaratxo garam masala

1 koilarakada eta erdi anaardo, behean

1 koilarakada eta erdi meloi haziak*, solairua

1 koilarakada martorri ehoa

500 g / 1 lb 2 oz hezurrik gabeko oilaskoa

200g / 7oz tomate purea

2 oilasko salda dado

250 ml / 8 fl oz ur

Gatza dastatzeko

Metodoa

- Berotu olioa kazola batean. Gehitu jengibre-pasta, baratxuri-pasta, tipula eta garam masala. Frijitu 2-3 minutuz su baxuan. Gehitu anaardoak, meloi haziak eta martorri lurra. Frijitu 2 minutuz.
- Gehitu oilaskoa eta frijitu 5 minutuz. Gehitu tomate-purea, salda kuboak, ura eta gatza. Estali eta su baxuan egosi 40 minutuz. Zerbitzatu beroa.

oilaskoa espinakarekin

4 lagunentzat

Osagaiak

3 koilarakada landare-olio findua

6 hortz

5 cm / 2 hazbeteko kanela

2 erramu hosto

2 tipula handi, fin-fin txikituta

12 baratxuri ale fin-fin txikituta

400g / 14oz espinakak, xehatuta

200 g / 7 oz jogurt

250 ml / 8 fl oz ur

750 g / 1 lb 10 oz oilaskoa, 8 zatitan moztuta

Gatza dastatzeko

Metodoa

- Berotu 2 koilarakada olio kazola batean. Gehitu aleak, kanela eta erramu hostoak. Utzi itzazu 15 segundoz.
- Gehitu tipula eta frijitu su ertainean zeharrargi bihurtu arte.
- Gehitu baratxuria eta espinakak. Ondo nahastu. Egosi 5-6 minutuz. Hoztu eta xehatu nahikoa urarekin pasta leun bat egiteko.
- Berotu gainerako olioa kazola batean. Gehitu espinakak pasta eta frijitu 3-4 minutuz. Gehitu jogurta eta ura. Egosi 5-6 minutuz. Gehitu oilaskoa eta gatza. Su motelean egosi 40 minutuz. Zerbitzatu beroa.

indiar oilaskoa

4 lagunentzat

Osagaiak

4-5 koilarakada landare-olio findu

4 tipula handi, txikituta

1 kg / 2¼ lb oilaskoa, 10 zatitan moztuta

Gatza dastatzeko

500 ml / 16 fl oz ur

Espeziak nahasteko:

2,5 cm / 1 hazbeteko jengibre erroa

10 baratxuri ale

1 koilarakada garam masala

2 koilarakada mihilu hazi

1 koilarakada eta erdi martorri haziak

60 ml / 2 fl oz ur

Metodoa

- Ehotzeko espezie nahasketa osagaiak pasta leun batean. Alde batera utzi.
- Berotu olioa kazola batean. Frijitu tipula su ertainean urreztatu arte.
- Gehitu nahastutako espezia-pasta, oilaskoa eta gatza. Frijitu 5-6 minutuz. Gehitu ura. Estali eta egosi 40 minutuz. Zerbitzatu beroa.

Kori Gassi

(Mangaloreko oilaskoa curryarekin)

4 lagunentzat

Osagaiak

4 koilarakada landare-olio findua

6 pipermin gorri osorik

1 koilaratxo piper beltza

4 koilarakada martorri haziak

2 koilarakada kumino haziak

150 g / 5½ oz koko freskoa birrindua

8 baratxuri ale

500 ml / 16 fl oz ur

3 tipula handi, fin-fin txikituta

1 koilaratxo turmeric

1 kg / 2¼ lb oilaskoa, 8 zatitan moztuta

2 koilarakada tamarindo pasta

Gatza dastatzeko

Metodoa

- Berotu 1 koilaratxo olio kazola batean. Gehitu piper gorriak, piper aleak, martorri haziak eta kumino haziak. Utzi itzazu 15 segundoz.
- Nahasketa hau xehatu kokoarekin, baratxuriarekin eta ur erdiarekin pasta bat lortu arte.
- Berotu gainerako olioa kazola batean. Gehitu tipula, turmeric eta koko pasta. Frijitu su ertainean 5-6 minutuz.
- Gehitu oilaskoa, tamarindo pasta, gatza eta gainerako ura. Ondo nahastu. Estalki batekin estali eta su baxuan egosi 40 minutuz. Zerbitzatu beroa.

Ghezado Oilaskoa

(Goan estiloko oilaskoa)

4 lagunentzat

Osagaiak

3 koilarakada landare-olio findua

2 tipula handi, fin-fin txikituta

1 koilaratxo jengibre pasta

1 koilaratxo baratxuri pasta

2 tomate, fin-fin txikituta

1 kg / 2¼ lb oilaskoa, 8 zatitan moztuta

1 koilarakada martorri ehoa

2 koilarakada garam masala

Gatza dastatzeko

250 ml / 8 fl oz ur

Metodoa

- Berotu olioa kazola batean. Gehitu tipula, jengibre-pasta eta baratxuri-pasta. Frijitu 2 minutuz. Gehitu tomateak eta oilaskoa. Frijitu 5 minutuz.
- Gehitu gainerako osagai guztiak. Egosi 40 minutuz eta zerbitzatu beroa.

Oilaskoa tomate saltsan

4 lagunentzat

Osagaiak

1 koilarakada ghee

2,5 cm / 1 hazbeteko erro jengibrea, fin-fin txikituta

10 baratxuri ale fin-fin txikituta

2 tipula handi, fin-fin txikituta

4 pipermin gorri

1 koilaratxo garam masala

1 koilaratxo turmeric

800 g / 1¾lb tomate purea

1 kg / 2¼ lb oilaskoa, 8 zatitan moztuta

Gatza dastatzeko

200 g / 7 oz jogurt

Metodoa

- Berotu ghee kazola batean. Gehitu jengibrea, baratxuria, tipula, pipermin gorriak, garam masala eta turmeric. Frijitu su ertainean 3 minutuz.
- Gehitu tomate-purea eta frijitu 4 minutuz su motelean.
- Gehitu oilaskoa, gatza eta jogurta. Ondo nahastu.
- Estali eta egosi 40 minutuz, noizean behin irabiatuz. Zerbitzatu beroa.

shahenshah murgh

(Oilaskoa saltsa berezi batean prestatua)

4 lagunentzat

Osagaiak

250 g kakahueteak, 4 orduz beratzen

60g / 2oz mahaspasa

4 pipermin berde, luzera moztuta

1 koilarakada kumino haziak

4 koilarakada ghee

1 koilarakada kanela ehoa

3 tipula handi, fin-fin txikituta

1 kg / 2¼ lb oilaskoa, 12 zatitan moztuta

Gatza dastatzeko

Metodoa

- Xukatu kakahueteak eta xehatu mahaspasekin, piper berdeekin, kumino-haziekin eta nahikoa ur pasta leun bat osatzeko. Alde batera utzi.
- Berotu ghee kazola batean. Gehitu beheko kanela. Utzi 30 segundoz txistu.
- Gehitu tipula eta kakahuete-pasta eta mahaspasa. Frijitu 2-3 minutuz.
- Gehitu oilaskoa eta gatza. Ondo nahastu. Su motelean egosi 40 minutuz, noizean behin irabiatuz. Zerbitzatu beroa.

Oilaskoa do Pyaaza

(Oilaskoa Tipularekin)

4 lagunentzat

Osagaiak

4 koilarakada ghee gehi frijitzeko gehigarria

4 hortz

½ koilarakada mihilu haziak

1 koilarakada martorri ehoa

1 koilaratxo piper beltz ehoa

2,5 cm / 1 hazbeteko erro jengibrea, fin-fin txikituta

8 baratxuri ale fin-fin txikituta

4 tipula handi, xerratan

1 kg / 2¼ lb oilaskoa, 12 zatitan moztuta

½ koilaratxo turmeric

4 tomate, fin-fin txikituta

Gatza dastatzeko

Metodoa

- Berotu 4 koilarakada ghee kazola batean. Gehitu aleak, mihilu haziak, martorri ehoa eta piperra. Utzi itzazu 15 segundoz.
- Gehitu jengibrea, baratxuria eta tipula. Frijitu su ertainean 1-2 minutuz.
- Gehitu oilaskoa, turmeric, tomatea eta gatza. Ondo nahastu. Egosi su motelean 30 minutuz, maiz irabiatuz. Zerbitzatu beroa.

bengali oilaskoa

4 lagunentzat

Osagaiak

300 g / 10 oz jogurt

1 koilaratxo jengibre pasta

1 koilaratxo baratxuri pasta

3 tipula handi, 1 birrindua eta 2 fin-fin txikituta

1 koilaratxo turmeric

2 koilarakada txili hautsa

Gatza dastatzeko

1 kg / 2¼ lb oilaskoa, 12 zatitan moztuta

4 koilarakada mostaza olio

500 ml / 16 fl oz ur

Metodoa

- Nahastu jogurta, jengibre-pasta, baratxuri-pasta, tipula, turmeric, pipermina hautsa eta gatza. Marinatu oilaskoa nahasketa honekin 30 minutuz.
- Berotu olioa kazola batean. Gehitu tipula txikituta eta frijitu urreztatu arte.
- Gehitu marinatutako oilaskoa, ura eta gatza. Ondo nahastu. Estalki batekin estali eta su baxuan egosi 40 minutuz. Zerbitzatu beroa.

Lasooni Murgh

(Oilaskoa baratxuriarekin egosita)

4 lagunentzat

Osagaiak

200 g / 7 oz jogurt

2 koilarakada baratxuri pasta

1 koilaratxo garam masala

2 koilarakada limoi zukua

1 koilaratxo piper beltz ehoa

5 azafrai adar

Gatza dastatzeko

750 g / 1 lb 10 oz hezurrik gabeko oilaskoa, 8 zatitan moztuta

2 koilarakada landare-olio findua

60 ml / 2 fl oz krema bikoitza

Metodoa

- Nahastu jogurta, baratxuri pasta, garam masala, limoi zukua, piperra, azafraia, gatza eta oilaskoa. Hoztu nahasketa gau osoan zehar.
- Berotu olioa kazola batean. Gehitu oilasko nahasketa, estali estalkiarekin eta egosi 40 minutuz, noizean behin irabiatuz.
- Gehitu krema eta irabiatu minutu batez. Zerbitzatu beroa.

Oilaskoa Cafreal

(Goan oilaskoa martorri saltsan)

4 lagunentzat

Osagaiak

1 kg / 2¼ lb oilaskoa, 8 zatitan moztuta

5 koilarakada landare-olio findua

250 ml / 8 fl oz ur

Gatza dastatzeko

4 limoi, laurdenetan

Marinadarako:

50 g / 1¾oz martorri hosto, txikituta

2,5 cm / 1 hazbeteko jengibre erroa

10 baratxuri ale

120 ml / 4 fl oz malta ozpina

1 koilarakada garam masala

Metodoa

- Nahastu marinada osagai guztiak eta xehatu nahikoa urarekin pasta leun bat osatzeko. Marinatu oilaskoa nahasketa honekin ordubetez.
- Berotu olioa kazola batean. Gehitu marinatutako oilaskoa eta frijitu su ertainean 5 minutuz. Gehitu ura eta gatza. Estalki batekin estali eta su baxuan egosi 40 minutuz, noizean behin irabiatuz. Zerbitzatu beroa limoiekin.

Oilaskoa abrikotekin

4 lagunentzat

Osagaiak

4 koilarakada landare-olio findua

3 tipula handi, xerra finetan

1 koilaratxo jengibre pasta

1 koilaratxo baratxuri pasta

1 kg / 2¼ lb oilaskoa, 8 zatitan moztuta

1 koilaratxo chili hautsa

1 koilaratxo turmeric

2 koilarakada ehoko kuminoa

2 koilarakada azukre

300g / 10oz abrikot lehorrak, 10 minutuz beratzen

60 ml / 2 fl oz ur

1 koilarakada malta ozpina

Gatza dastatzeko

Metodoa

- Berotu olioa kazola batean. Gehitu tipula, jengibre-pasta eta baratxuri-pasta. Frijitu su ertainean tipula urreztatu arte.
- Gehitu oilaskoa, pipermina hautsa, turmeric, beheko kuminoa eta azukrea. Ondo nahastu eta frijitu 5-6 minutuz.
- Gehitu gainerako osagaiak. Egosi 40 minutuz eta zerbitzatu beroa.

Oilaskoa plantxan

4 lagunentzat

Osagaiak

Gatza dastatzeko

1 koilarakada malta ozpina

1 koilaratxo piper beltz ehoa

1 koilaratxo jengibre pasta

1 koilaratxo baratxuri pasta

2 koilarakada garam masala

1 kg / 2¼ lb oilaskoa, 8 zatitan moztuta

2 koilarakada ghee

2 tipula handi, xerratan

2 tomate, fin-fin txikituta

Metodoa

- Nahastu gatza, ozpina, piperra, jengibre-pasta, baratxuri-pasta eta garam masala. Marinatu oilaskoa nahasketa honekin ordubetez.
- Berotu ghee kazola batean. Gehitu tipula eta frijitu su ertainean urreztatu arte.
- Gehitu tomateak eta oilasko marinatua. Ondo nahastu eta frijitu 4-5 minutuz.
- Kendu sutik eta erre nahasketa 40 minutuz. Zerbitzatu beroa.

ahate piper errea

4 lagunentzat

Osagaiak

2 koilarakada malta ozpina

1½ koilaratxo jengibre-pasta

1 koilaratxo baratxuri pasta

Gatza dastatzeko

1 koilaratxo piper beltz ehoa

1 kg ahate

2 gurina koilarakada

2 koilarakada landare-olio findua

3 tipula handi, xerra finetan

4 tomate, fin-fin txikituta

1 koilaratxo azukre

500 ml / 16 fl oz ur

Metodoa

- Nahastu ozpina, jengibre-pasta, baratxuri-pasta, gatza eta piperra. Zaindu ahatea sardexka batekin eta marinatu nahasketa honekin ordubetez.

- Berotu gurina eta olioa elkarrekin kazola batean. Gehitu tipula eta tomatea. Frijitu su ertainean 3-4 minutuz. Gehitu ahatea, azukrea eta ura. Ondo nahastu eta su baxuan egosi 45 minutuz. Zerbitzatu beroa.

Oilasko Bhuna

(Oilaskoa jogurtetan prestatua)

4 lagunentzat

Osagaiak

4 koilarakada landare-olio findua

1 kg / 2¼ lb oilaskoa, 12 zatitan moztuta

1 koilaratxo jengibre pasta

1 koilaratxo baratxuri pasta

½ koilaratxo turmeric

2 tipula handi, fin-fin txikituta

1 koilaratxo eta erdi garam masala

1 koilaratxo piper beltz eho berria

150 g / 5½ oz jogurt, irabiatua

Gatza dastatzeko

Metodoa

- Berotu olioa kazola batean. Gehitu oilaskoa eta frijitu su ertainean 6-7 minutuz. Xukatu eta erreserbatu.
- Olio berean, gehitu jengibre-pasta, baratxuri-pasta, turmeric eta tipula. Frijitu su ertainean 2 minutuz, maiz irabiatuz.
- Gehitu oilasko frijitua eta gainerako osagai guztiak. Egosi 40 minutuz su baxuan. Zerbitzatu beroa.

Oilasko Curry Arrautzekin

4 lagunentzat

Osagaiak

6 baratxuri ale

2,5 cm / 1 hazbeteko jengibre erroa

25 g / 1 oz eskasa koko freskoa birrindua

2 koilarakada mitxoleta haziak

1 koilaratxo garam masala

1 koilaratxo kumino haziak

1 koilarakada martorri haziak

1 koilaratxo turmeric

Gatza dastatzeko

4 koilarakada landare-olio findua

2 tipula handi, fin-fin txikituta

1 kg / 2¼ lb oilaskoa, 8 zatitan moztuta

4 arrautza, gogor egosiak eta erditik moztuta

Metodoa

- Baratxuria, jengibrea, kokoa, mitxoleta haziak, garam masala, kumino haziak, martorri haziak, turmeric eta gatza xehatu. Alde batera utzi.
- Berotu olioa kazola batean. Gehitu tipula eta ehotutako pasta. Frijitu su ertainean 3-4 minutuz. Gehitu oilaskoa eta nahastu ondo estaltzeko.
- Su motelean egosi 40 minutuz. Apaindu arrautzekin eta zerbitzatu beroa.

Oilasko Frijitua Espeziekin

4 lagunentzat

Osagaiak

1 kg / 2¼ lb oilaskoa, 8 zatitan moztuta

250 ml / 8 fl oz landare-olio findua

Marinadarako:

1½ koilarakada martorri ehoa

4 kardamomo leka berde

7,5 cm / 3 hazbeteko kanela

½ koilarakada mihilu haziak

1 koilarakada garam masala

4-6 baratxuri ale

2,5 cm / 1 hazbeteko jengibre erroa

1 tipula handi birrindua

1 tomate handi, purea

Gatza dastatzeko

Metodoa

- Ehotzeko marinada osagai guztiak elkarrekin. Marinatu oilaskoa nahasketa honekin 30 minutuz.
- Oilasko marinatua kazola batean egosi su ertainean 30 minutuz, noizean behin irabiatuz.
- Olioa berotu eta egositako oilaskoa frijitu 5-6 minutuz. Zerbitzatu beroa.

goan kombdi

(Goan oilasko curry)

4 lagunentzat

Osagaiak

1 kg / 2¼ lb oilaskoa, 8 zatitan moztuta

Gatza dastatzeko

½ koilaratxo turmeric

6 pipermin gorri

5 hortz

5 cm / 2 hazbeteko kanela

1 koilarakada martorri haziak

½ koilarakada fenugreek haziak

½ koilaratxo mostaza haziak

4 koilarakada olio

1 koilarakada tamarindo pasta

500 ml / 16 fl oz koko esnea

Metodoa

- Marinatu oilaskoa gatzarekin eta turmeric 1 orduz. Alde batera utzi.
- Ehotzeko piperminak, aleak, kanela, martorri haziak, fenugreek haziak eta mostaza haziak nahikoa ur pasta bat osatzeko.
- Berotu olioa kazola batean. Frijitu pasta 4 minutuz. Gehitu oilaskoa, tamarindo pasta eta koko esnea. Egosi 40 minutuz eta zerbitzatu beroa.

hegoaldeko oilasko curry

4 lagunentzat

Osagaiak

16 anaardo

6 pipermin gorri

2 koilarakada martorri haziak

½ koilaratxo kumino haziak

1 koilarakada limoi zukua

5 koilarakada ghee

3 tipula handi, fin-fin txikituta

10 baratxuri ale fin-fin txikituta

2,5 cm / 1 hazbeteko erro jengibrea, fin-fin txikituta

1 kg / 2¼ lb oilaskoa, 12 zatitan moztuta

1 koilaratxo turmeric

Gatza dastatzeko

500 ml / 16 fl oz koko esnea

Metodoa

- Ehotzeko anaardoak, pipermin gorriak, martorri haziak, kumino haziak eta limoi zukua nahikoa urarekin ore leun bat osatzeko. Alde batera utzi.
- Berotu ghee. Gehitu tipula, baratxuria eta jengibrea. Frijitu 2 minutuz.
- Gehitu oilaskoa, turmeric, gatza eta anaardo-pasta. Frijitu 5 minutuz. Gehitu koko esnea eta egosi 40 minutuz. Zerbitzatu beroa.

Oilasko Nizami

(Oilaskoa azafraiarekin eta almendrarekin egosita)

4 lagunentzat

Osagaiak

4 koilarakada landare-olio findua

1 oilasko handi, 8 zatitan moztuta

Gatza dastatzeko

750 ml / 1¼ pinta esne

½ koilaratxo azafraia, 2 koilarakada esnetan bustita

Espeziak nahasteko:

1 koilarakada jengibre pasta

3 koilarakada mitxoleta haziak

5 pipermin gorri

25 g / 1 oz eskasa koko lehortua

20 almendra

6 koilarakada esne

Metodoa

- Ehotzeko espezie nahasketa osagaiak pasta leun bat osatzeko.
- Berotu olioa kazola batean. Frijitu pasta su motelean 4 minutuz.
- Gehitu oilaskoa, gatza eta esnea. Su motelean egosi 40 minutuz, maiz irabiatuz. Gehitu azafraia eta egosi beste 5 minutuz. Zerbitzatu beroa.

buffad ahatea

(Ahatea barazkiekin egosita)

4 lagunentzat

Osagaiak

4 koilarakada ghee

3 tipula handi, laurdenetan

750 g / 1 lb 10 oz ahatea, 8 zatitan moztuta

3 patata handi, laurdenetan moztuta

50 g / 1¾oz aza, txikituta

200g / 7oz ilar izoztuak

1 koilaratxo turmeric

4 pipermin berde, luzera moztuta

1 koilaratxo kanela ehoa

1 koilaratxo ehoa ale

1 oz / 30 g menda hosto, fin-fin txikituta

Gatza dastatzeko

750 ml / 1¼ pinta ur

1 koilarakada malta ozpina

Metodoa

- Berotu ghee kazola batean. Gehitu tipula eta frijitu su ertainean urreztatu arte. Gehitu ahatea eta frijitu 5-6 minutuz.
- Gehitu gainerako osagaiak, ura eta ozpina izan ezik. Frijitu 8 minutuz. Gehitu ura eta ozpina. Su motelean egosi 40 minutuz. Zerbitzatu beroa.

Adraki Murgh

(Ginger Oilaskoa)

4 lagunentzat

Osagaiak

2 koilarakada landare-olio findua

2 tipula handi, fin-fin txikituta

2 koilarakada jengibre-pasta

½ koilaratxo baratxuri pasta

½ koilaratxo turmeric

1 koilarakada garam masala

1 tomate, fin-fin txikituta

1 kg / 2¼ lb oilaskoa, 12 zatitan moztuta

Gatza dastatzeko

Metodoa

- Berotu olioa kazola batean. Gehitu tipula, jengibre-pasta eta baratxuri-pasta eta frijitu su ertainean 1-2 minutuz.
- Gehitu gainerako osagai guztiak eta salteatu 5-6 minutuz.
- Erre nahasketa 40 minutuz eta zerbitzatu beroa.

Bharva Murgh

(Oilasko betea)

4 lagunentzat

Osagaiak

½ koilaratxo jengibre pasta

½ koilaratxo baratxuri pasta

1 koilaratxo tamarindo pasta

1 kg oilaskoa

75 g / 2½ oz ghee

2 tipula handi, fin-fin txikituta

Gatza dastatzeko

3 patata handi, txikituta

2 koilarakada martorri ehoa

1 koilarakada ehoko kuminoa

1 koilaratxo mostaza hautsa

50 g / 1¾ oz martorri hosto, txikituta

2 hortz

2,5 cm / 1 hazbeteko kanela

Metodoa

- Nahastu jengibrea, baratxuria eta tamarindo pasta. Marinatu oilaskoa nahasketarekin 3 orduz. Alde batera utzi.
- Berotu ghee kazola batean eta frijitu tipula urreztatu arte. Gehitu gainerako osagai guztiak marinatutako oilaskoa izan ezik. Frijitu 6 minutuz.
- Bete nahasketa hau marinatutako oilaskoarekin. Erre 190 °C (375 °F, Gas Mark 5) labean 45 minutuz. Zerbitzatu beroa.

Malaidar Murgh

(Oilaskoa saltsa krematsuan prestatua)

4 lagunentzat

Osagaiak

4 koilarakada landare-olio findua

2 tipula handi, fin-fin txikituta

¼ koilaratxo xehatutako ale

Gatza dastatzeko

1 kg / 2¼ lb oilaskoa, 12 zatitan moztuta

250 ml / 8 fl oz ur

3 tomate, fin-fin txikituta

125 g / 4½ oz jogurt, irabiatua

500 ml / 16 fl oz krema likidoa

2 koilarakada anaardo behean

¼ oz / 10 g martorri hosto, txikituta

Metodoa

- Berotu olioa kazola batean. Gehitu tipula, ale eta gatza. Frijitu su ertainean 3 minutuz. Gehitu oilaskoa eta salteatu 7-8 minutuz.
- Gehitu ura eta tomateak. Egosi 30 minutuz.
- Gehitu jogurta, esnegaina eta anaardoak. Su motelean egosi 10 minutuz.
- Martorri hostoekin apaindu eta beroa zerbitzatu.

Bombay Oilasko Curry

4 lagunentzat

Osagaiak

8 koilarakada landare-olio findua

1 kg / 2¼ lb oilaskoa, 12 zatitan moztuta

2 tipula handi, xerratan

1 koilaratxo jengibre pasta

1 koilaratxo baratxuri pasta

4 hortz, ehotuta

2,5 cm / 1 hazbeteko kanela, ehotua

1 koilarakada ehoko kuminoa

Gatza dastatzeko

2 tomate, fin-fin txikituta

500 ml / 16 fl oz ur

Metodoa

- Berotu olioaren erdia zartagin batean. Gehitu oilaskoa eta frijitu su ertainean 5-6 minutuz. Alde batera utzi.
- Berotu gainerako olioa kazola batean. Gehitu tipula, jengibre-pasta eta baratxuri-pasta eta frijitu su ertainean tipula urreztatu arte. Gehitu gainerako osagaiak, ura eta oilaskoa izan ezik. Salteatu 5-6 minutuz.
- Gehitu oilasko frijitua eta ura. Egosi 30 minutuz eta zerbitzatu beroa.

dubari oilaskoa

(Oilaskoa saltsan aberatsa)

4 lagunentzat

Osagaiak

150 g / 5½ oz chana dhal*

Gatza dastatzeko

1 litro / 1¾ pinta ur

2,5 cm / 1 hazbeteko jengibre erroa

10 baratxuri ale

4 pipermin gorri

3 koilarakada ghee

2 tipula handi, fin-fin txikituta

½ koilaratxo turmeric

2 koilarakada garam masala

½ koilarakada mitxoleta haziak

2 tomate, fin-fin txikituta

1 kg / 2¼ lb oilaskoa, 10-12 zatitan txikituta

2 koilarakada tamarindo pasta

20 anaardo fruitu lehorrak, ore batean xehatuta

250 ml / 8 fl oz ur

250 ml / 8 fl oz koko esnea

Metodoa

- Nahastu dhal gatzarekin eta ur erdiarekin. Egosi kazola batean su ertainean 45 minutuz. Nahastu jengibrearekin, baratxuriarekin eta pipermin gorriarekin ore bat lortu arte.
- Berotu ghee kazola batean. Gehitu tipula, dhal nahasketa eta turmeric. Frijitu su ertainean 3-4 minutuz. Gehitu gainerako osagai guztiak.
- Ondo nahastu eta su motelean egosi 40 minutuz, noizean behin irabiatuz. Zerbitzatu beroa.

ahate frijitua

4 lagunentzat

Osagaiak

3 koilarakada malta ozpina

2 koilarakada martorri ehoa

½ koilaratxo piper beltz ehoa

Gatza dastatzeko

1 kg / 2¼ lb ahate, 8 zatitan moztuta

60 ml / 2 fl oz landare-olio findua

2 tipula txiki

1 litro / 1¾ pinta ur beroa

Metodoa

- Nahastu ozpina martorri behearekin, piperra eta gatza. Nahasketa honekin ahatea marinatu ordubetez.
- Berotu olioa kazola batean. Frijitu tipula su ertainean urreztatu arte.
- Gehitu ura, gatza eta ahatea. Egosi 45 minutuz eta zerbitzatu beroa.

Oilaskoa baratxuri eta cilantroarekin

4 lagunentzat

Osagaiak

4 koilarakada landare-olio findua

5 cm / 2 hazbeteko kanela

3 kardamomo leka berde

4 hortz

2 erramu hosto

3 tipula handi, fin-fin txikituta

10 baratxuri ale fin-fin txikituta

1 koilaratxo jengibre pasta

3 tomate, fin-fin txikituta

1 oilasko handi, txikituta

250 ml / 8 fl oz ur

150 g / 5½ oz martorri hosto, txikituta

Gatza dastatzeko

Metodoa

- Berotu olioa kazola batean. Gehitu kanela, kardamomoa, ale, erramu hostoak, tipula, baratxuria eta jengibre-pasta. Frijitu 2-3 minutuz.
- Gehitu gainerako osagai guztiak. Egosi 40 minutuz eta zerbitzatu beroa.

masala ahatea

4 lagunentzat

Osagaiak

30 g / 1oz ghee gehi koilarakada 1 frijitzeko

1 tipula handi, xerra finetan

1 koilaratxo jengibre pasta

1 koilaratxo baratxuri pasta

1 koilarakada martorri ehoa

½ koilaratxo piper beltz ehoa

1 koilaratxo turmeric

1 kg ahate, 12 zatitan txikituta

1 koilarakada malta ozpina

Gatza dastatzeko

5 cm / 2 hazbeteko kanela

3 hortz

1 koilaratxo mostaza haziak

Metodoa

- Berotu 30 g / 1oz ghee kazola batean. Gehitu tipula, jengibre-pasta, baratxuri-pasta, cilantroa, piperra eta turmeric. Frijitu 6 minutuz.
- Gehitu ahatea. Frijitu su ertainean 5 minutuz. Gehitu ozpina eta gatza. Ondo nahastu eta su baxuan egosi 40 minutuz. Alde batera utzi.
- Berotu gainerako ghee kazola batean eta gehitu kanela, ale eta mostaza haziak. Utzi itzazu 15 segundoz. Bota hau ahate nahasketaren gainean eta zerbitzatu beroa.

mostaza oilaskoa

4 lagunentzat

Osagaiak

2 tomate handi, fin-fin txikituta

¼ oz / 10 g menda hosto, fin-fin txikituta

1 oz / 30 g martorri hosto, txikituta

2,5 cm / 1 hazbeteko jengibre erroa, zurituta

8 baratxuri ale

3 koilarakada mostaza olio

2 koilarakada mostaza haziak

½ koilarakada fenugreek haziak

1 kg / 2¼ lb oilaskoa, 12 zatitan moztuta

500 ml / 16 fl oz ur epela

Gatza dastatzeko

Metodoa

- Ehotu tomateak, menda hostoak, martorri hostoak, jengibrea eta baratxuria ore leun batean. Alde batera utzi.
- Berotu olioa kazola batean. Gehitu mostaza haziak eta fenugreek haziak. Utzi itzazu 15 segundoz.
- Gehitu tomate-pasta eta frijitu su ertainean 2-3 minutuz. Gehitu oilaskoa, ura eta gatza. Ondo nahastu eta su baxuan egosi 40 minutuz. Zerbitzatu beroa.

murgh lassanwallah

(Oilaskoa baratxuriarekin)

4 lagunentzat

Osagaiak

400 g jogurt

3 koilarakada baratxuri pasta

1 koilaratxo eta erdi garam masala

Gatza dastatzeko

750 g / 1 lb 10 oz hezurrik gabeko oilaskoa, 12 zatitan moztuta

1 koilarakada landare-olio findua

1 koilaratxo kumino haziak

25 g / 1oz aneta berde gutxi

500 ml / 16 fl oz esnea

1 koilarakada piper beltz ehoa

Metodoa

- Nahastu jogurta, baratxuri pasta, garam masala eta gatza. Marinatu oilaskoa nahasketa honekin 10-12 orduz.
- Berotu olioa. Gehitu kumino haziak eta utzi tu egiten 15 segundoz. Gehitu marinatutako oilaskoa eta frijitu su ertainean 20 minutuz.
- Gehitu aneta hostoak, esnea eta piperra. Su motelean egosi 15 minutuz. Zerbitzatu beroa.

Piperr Oilasko Chettinad

(Hego Indiako Pepper Oilaskoa)

4 lagunentzat

Osagaiak

2 ½ koilarakada landare-olio findua

10 curry hosto

3 tipula handi, fin-fin txikituta

1 koilaratxo jengibre pasta

1 koilaratxo baratxuri pasta

½ koilaratxo turmeric

2 tomate, fin-fin txikituta

½ koilarakada ehoko mihilu haziak

¼ koilaratxo xehatutako ale

500 ml / 16 fl oz ur

1 kg / 2¼ lb oilaskoa, 12 zatitan moztuta

Gatza dastatzeko

1 koilarakada eta erdi piper beltz ehoa

Metodoa

- Berotu olioa kazola batean. Gehitu curry hostoak, tipula, jengibre-pasta eta baratxuri-orea. Frijitu su ertainean minutu batez.
- Gehitu gainerako osagai guztiak. Egosi 40 minutuz eta zerbitzatu beroa.

Oilasko xehatua Arrautzekin

4 lagunentzat

Osagaiak

3 koilarakada landare-olio findua

4 arrautza, gogor egosiak eta xerratan

2 tipula handi, fin-fin txikituta

2 koilarakada jengibre-pasta

2 koilarakada baratxuri pasta

2 tomate, fin-fin txikituta

1 koilarakada ehoko kuminoa

2 koilarakada martorri ehoa

½ koilaratxo turmeric

8-10 curry hosto

1 koilaratxo garam masala

750 g / 1 lb 10 oz oilaskoa, txikituta

Gatza dastatzeko

360 ml / 12 fl oz ur

Metodoa

- Berotu olioa kazola batean. Gehitu arrautzak. Frijitu 2 minutuz eta erreserbatu.
- Olio berdinari, gehitu tipula, jengibre-pasta eta baratxuri-pasta. Frijitu su ertainean 2-3 minutuz.
- Gehitu gainerako osagai guztiak, ura izan ezik. Ondo nahastu eta frijitu 5 minutuz. Gehitu ura. Su motelean egosi 30 minutuz.
- Arrautzekin apaindu. Zerbitzatu beroa.

oilasko lehorra

4 lagunentzat

Osagaiak

1 kg / 2¼ lb oilaskoa, 12 zatitan moztuta

6 koilarakada landare-olio findua

3 tipula handi, xerra finetan

Marinadarako:

8 pipermin gorri

1 koilarakada sesamo haziak

1 koilarakada martorri haziak

1 koilaratxo garam masala

4 kardamomo leka berde

10 baratxuri ale

3,5 cm / 1½ hazbeteko erro jengibrea

6 koilarakada malta ozpina

Gatza dastatzeko

Metodoa

- Ehotzeko marinada osagai guztiak pasta leun batean. Marinatu oilaskoa ore honekin 3 orduz.
- Berotu olioa kazola batean. Frijitu tipulak su baxuan urrezko marroi arte. Gehitu oilaskoa eta egosi 40 minutuz, maiz irabiatuz. Zerbitzatu beroa.

www.ingramcontent.com/pod-product-compliance
Lightning Source LLC
Chambersburg PA
CBHW070419120526
44590CB00014B/1454